Marie Josenhans

Meine kleinen Freunde

Alltagserlebnisse aus der alten armen Zeit

D1665609

Quell Verlag Stuttgart

ISBN 3-7918-2182-2

© Quell Verlag Stuttgart 1987
Printed in Germany · Alle Rechte vorbehalten
1. Auflage dieser Ausgabe 1987
Einbandgestaltung: ARTelier Fichtner Stuttgart
Umschlagbild: Kolorierte Lithographie Städt. Museum Ludwigsburg
Gesamtherstellung: Quell Verlag Stuttgart

Inhaltsverzeichnis

Zum Geleit

Es lohnt sich zu lesen, was die Fürsorgerin Marie Josenhans im ersten Jahrzehnt unseres Jahrhunderts bei ihren Besuchen in der Stuttgarter Altstadt erlebt hat. Herb und karg und so schlicht sind die Geschichten, ja man ist versucht, die Verkleinerungsform zu wählen und von Geschichtchen zu sprechen. Aber gerade durch sie wird deutlich, wie völlig sich unsere Zeit, die auf das Jahr 2 000 zueilt, gewandelt hat. Es tritt uns unwillkürlich vor Augen, was wir heute für reiche Möglichkeiten, für soziale Errungenschaften und was für ein erwachtes Bewußtsein haben. Freilich, auch die Gedanken an die Kompliziertheit und die Sinn-Armut unserer Welt tauchen auf, wie auch die Frage, woher die Menschen damals Durchhaltevermögen und die Kraft zum Bestehen der Verhältnisse, auch der ungerechten Verhältnisse, hatten. Ganz bestimmt werden wir uns nicht in die Welt von einst zurücksehnen, in der Geburt und Tod, Hunger und Reichtum, Entwürdigung und nachbarschaftliche Teilnahme so nahe beieinander waren. Doch dieser Blick zurück und der Vergleich mit der Gegenwart sind nicht der Grund, weswegen wir Sie einladen, diese Geschichten zu lesen (oder besser noch in einem kleinen Kreis vorzulesen). Die Kinder, denen Marie Josenhans begegnet, wollen zeigen, wie sie sich gerade über kleine Dinge von ganzem Herzen freuen können und wie ihre Augen Anlässe entdecken, die wir Erwachsenen übersehen, Anlässe, die ihr Gemüt zur Dankbarkeit befreien. Vielleicht kann Marie Josenhans uns auch Mut machen, Kinder nicht mit Gaben zu überschütten, sondern ein Gespür dafür zu entwickeln, was Kinder und Große – und uns selbst froh macht.

Otto Kehr

Vorwort zur ersten Auflage 1910

Keine alten Weiblein sind's, die diesmal ihre Hände aus-
strecken – keine Menschen, die am Ende ihrer Wanderung
angelangt sind und für das letzte Stück Wegs noch Hilfe be-
gehren. *Kinder* kommen heute daher, junge Seelen, die
eben erst aufgewacht sind und mit fragenden Augen auf
den weiten Lebensweg hinausblicken: wie wird's gehen –
wer hilft uns da draußen auf den kalten, leeren Strecken,
an den steilen Hängen und Gründen vorbei – wer zeigt uns
sonnige Wiesen und frische Quellen – wer gibt uns alles,
was wir nötig haben zum Gedeihen? Ich denke, Kinderaugen sprechen genug; ich brauche nicht mehr zu sagen.
Wer heute meiner kleinen Schar freundlich die Türe öffnet,
der hilft schon in seinem Teil ein Stückchen mit, den Weg
eines Kinderlebens froh und gangbar zu machen.

Stuttgart, November 1910   M. J.

Rosa-Emilie

Ein Geschichtlein vom kleinsten meiner Kinder, das noch in den Windeln liegt, soll den Anfang machen. Wunderbare Schicksale hat's natürlich in seinem kurzen Dasein noch nicht erlebt, aber doch unter sonderbar erschwerten Umständen mußte es sich in diese Welt eingewöhnen.

Durch den Lokalwohltätigkeitsverein habe ich seine Bekanntschaft gemacht. Vater Hasenohr war auf die Verwaltung gekommen, um für seine Frau eine Pflegerin zu erbitten. Ich hatte die angegebenen Personalien auf ihre Richtigkeit zu prüfen und war zu diesem Zweck eines Tags um die Mittagszeit in die Hasenohr'sche Wohnung gekommen. Die Türe zur Küche, in der eine Frau am Herd hantierte, stand offen. »Sie sind wohl Frau Hasenohr?« – redete ich dieselbe an. – »Wer werd' i sonscht sei« – war die nicht sehr ermutigende Antwort. »Sie haben um eine Wochenbettpflegerin beim Lokalwohltätigkeitsverein nachgesucht?« – »Des goht mi nex a – des send mei's Mann's Sacha« – hieß es weiter. Nachdem ich auf fernere Fragen eine ähnlich verblüffende Auskunft bekommen hatte, zog ich es vor, mich an den in der Stube sitzenden Ehemann zu wenden. Er war eben mit Eifer dabei, eine gehörige Portion Leberklöße mit Salat zu vertilgen. Ich schlug's ihm deshalb hoch an, daß er trotzdem ein geneigtes Ohr für mein Anliegen hatte. »Wisset Se«, sagte er entschuldigend, »mei Frau ischt halt a bissele domm.« Mit diesem kurzen Wort war die Sachlage genügend klargestellt. Ich sah ein, daß unter diesen Umständen eine Pflegerin seinerzeit dringend notwendig sein werde und versprach dem Mann, für eine solche zu sorgen. Als ich mich dann verabschiedete, murmelte er ein paar Dankesworte in den Bart, ließ sich aber in seinem Leberspatzenschmaus nicht weiter stören.

Kaum acht Tage stand's an, als schon bei Hasenohrs der Storch einkehrte und die versprochene Pflegerin hingeschickt wurde. Die Frau lag nun behaglich in ihrem Bett, während jene den etwas verlotterten Haushalt in Ordnung brachte und das kleine Hasenöhrle wartete, das – in ein gewürfeltes, dick mit Federn gefülltes Kissen gepackt – schlafend in der Sofaecke lag.

»So domm han e no koi Frau ghätt«, klagte mir die Pflegerin. Kein vernünftiges Wort könne man mit ihr sprechen, geschweige denn, sie nach etwas fragen. Als sie einmal einen Brei kochen wollte und Frau Hasenohr nach einem Rührlöffel fragte, habe ihr diese zur Antwort gegeben: »Des goht mi nex a, des send mei's Mann's Sacha.« (Scheints eine stehende Redensart von ihr.) Auf dringendes Bitten des Vaters, der bei der Bahn angestellt sei und oft spät in der Nacht erst heimkomme, nehme sie auch jeden Abend das Kind nach Hause und bringe es am anderen Morgen wieder. Seiner Frau könne man es keine Stunde anvertrauen, sagte er. »Sie sei halt a bissele domm«, fügte er auch hier schonend bei.

So vergingen acht Tage; der Wöchnerin mußte man sagen, daß sie jetzt das Aufstehen probieren solle. Von selber wäre es ihr nicht eingefallen, so behaglich war ihr der jetzige Zustand.

Die Pflegerin sollte das Haus verlassen – nun galt's, für das arme Neugeborene eine Unterkunft zu suchen. Ein Kosthaus war so schnell nicht ausfindig zu machen – wie gut, daß unser Säuglingsheim seine Türen für solche Fälle offen hält!

Am Tag, an dem die Pflegerin ging, holte ich das Kindlein ab. Seiner Mutter erzählte ich, wie gut es dasselbe im

Säuglingsheim haben werde und wie sie öfter nach ihm sehen könne, weil es nicht allzu weit sei dorthin. Das leuchtete ihr offenbar ein, denn sie hörte mir nickend zu.

Schon lag das Kleine in mein weiches und mäuschenfarbenes Tuch gewickelt auf meinem Arm, da fiel mir noch eine wichtige Frage ein, ob nämlich das Kind schon getauft sei. Frau Hasenohr verneinte, ebenso hatte sie auf meine Frage, ob sie mit ihrem Mann schon einen Namen ausgemacht habe, nur ein Kopfschütteln. »Ist's Ihnen dann einerlei, wie wir's heißen im Säuglingsheim?« fragte ich. – Sie besann sich eine Weile. »I han so en arg schöna Nama«, sagte sie dann zutraulich. »Dann könnte man's ja nach Ihnen heißen«, munterte ich sie auf. »Wie heißen Sie denn?« »Rosa«, erwiderte sie stolz. »Gut, dann heißen wir's Rosa«, sagte ich und ging auf die Türe zu. »Aber mei Schwester hot au so en schöna Nama – dia tät's arg freua, wenn mer's noch ihra heißa tät«, tönte mir's nach. – Die Schwester hieß »Emilie« – »Nun, dann heißen wir's eben Rosa-Emilie«, entschied ich zu Frau Hasenohrs großer Verwunderung, die nicht begreifen konnte, daß man »oem Kend zwoe Nama geba könnt'«.

Als ich mit meinem lebendigen Paketchen an einer Haltestelle auf die Straßenbahn wartete, kam die Pflegerin, Frau Schwenk, des Wegs. »Herrjeh«, sagte sie, »das arme Würmle! 's ischt a Glück, daß des von seiner domma Mutter wegkommt!« »Heut' war sie aber ganz vernünftig und gesprächig«, meinte ich. »Sogar zwei schöne Namen hat sie mir für das Kind angegeben.« »Sell wär« – sagte sie ungläubig – »was für denn?« – »Rosa-Emilie!« – Die Frau starrte mich sprachlos an und rang dann mit den Zeichen gänzlicher Fassungslosigkeit die Hände. »Grundgütiger«, stöhnte sie, »'s ischt jo a Bua . . .«

Gut, daß ich sie noch getroffen hatte! Im Heim fand man das Aussehen des Kleinen ziemlich schlecht und entschloß

sich, es sofort taufen zu lassen. Ich wußte, daß Vater Hasenohr Friedrich hieß – so gaben wir ihm im Drang der Um-
stände diesen Namen.

Trotz der Nottaufe gedieh das Kind; an seinem Bettchen
trug ein Schildchen den Namen Friedrich. Es war und blieb
aber im Heim die Rosa-Emilie.

Max und Moritz

Daß man sich darunter nur ja nicht die zwei berühmten Schlingel aus dem Bilderbuch vorstellt, wie sie sich etwa die gestohlenen Hühnerbraten schmecken lassen! Denn sonst ist der Kontrast gar zu arg.

Diesmal sind Max und Moritz nämlich zwei winzige neugeborene Säuglinge, bleich und abgemagert, die jämmerlich nach Nahrung schreien.

Da lagen sie in einem alten Kinderwagen, jeder einen riesengroßen altmodischen Schnuller im Mund und trotzdem das Gesicht in schmerzlichem Weinen verzogen. Ihr Vater hatte dringend um Hilfe gebeten, denn ihre Mutter lag seit der Geburt krank und war unfähig, ihnen irgendwelche Pflege angedeihen zu lassen.

Da tat rasches Handeln not: so schnell wie möglich ins reine, warme, wohlversehene Säuglingsheim mit ihnen! Aber wie sie transportieren? Die eben anwesende »Hausfrau«, die ich um ihre Beihilfe bat, lehnte entschieden ab. Es sei bald Essenszeit, und wenn ihr Mann beim Heimkommen keine Suppenschüssel auf dem Tisch finde, stehe sie für nichts ein. In dem Punkt kenne sie ihn.

Nun blieb mir keine andere Wahl, als Max und Moritz zusammen in ein Kissen zu packen und selbst ins Heim zu tragen.

Es war ein ziemlich windiger Tag. Häubchen konnte ich keine finden, so band ich ihnen eben zwei Tücher auf die Köpfchen. Kein Mensch hätte gedacht, daß die so entstandenen Butterweiblein »Max und Moritz« heißen könnten. Sie sahen einander so ähnlich, daß nur die Mutter sie zu unterscheiden wußte. Sie sagte mir noch beim Abschied, daß »Maxle« mir zunächst liege, so würde ich's am besten behalten können.

Zufällig fuhren wir mit demselben Schaffner, der mir einige Tage zuvor bei »Rosa-Emiliens« erster Reise in die Welt so freundlich Hilfe geleistet. »Was, heut au no zwoe?« begrüßte er uns, sorgte für einen guten Platz im Wagen, stellte vorsorglich jeden Zug ab und gab uns dreien *einen* Fahrschein. So oft er einen Augenblick frei hatte, kam er zu uns herein und erkundigte sich eingehend nach den Eltern und Verhältnissen der kleinen Fahrgäste.

»Was, Buaba send's?« fragte er ganz erstaunt. »Glaubet Se, wenn dia a Johr älter wäret, hättet se sich koene so Butterweiblestücher nuffbenda lassa!«

Auch der übrigen Mitfahrenden Interesse war jetzt rege. Als eine Frau, die neben mir saß, hörte, daß es armer Leute Kinder seien, zog sie ein schmutziges Papierle aus der Tasche, aus dem sie zwei Fünfpfennigstücke wickelte, die sie mir mit dem Bemerken übergab: »So, jetzt hot jeder scho ebbes uff d' Sparkass'.« – So hatten also meine schlafenden Brüderlein bei ihrem ersten Ausflug sich schon einen Nikkel erworben. Das war ein guter Anfang.

Obgleich ich unangemeldet kam, eilte mir doch eine Schwester, die uns vom Fenster aus gesehen hatte, entgegen und nahm mir liebevoll mein gewichtiges Paket ab, das droben mit lautem Jubel begrüßt wurde.

Nun wurden Max und Moritz zuerst ihrer ziemlich schmutzigen Hüllen entkleidet. Auch die Zeit der dicken Schnuller war nun vorüber. Ich erinnere mich noch deutlich des entsetzten Gesichts der Oberin, die die nassen Säckchen den anderen zeigte: *»Und das haben die Kinder im Mund gehabt!«*

Mit schneeweißen Windeln und Jäckchen angetan, blaue Bändchen am Arm, gesättigt und getröstet, lagen sie bald in ihrem schneeweißen Bettchen, eins oben, das andere unten. Jetzt sollte es ordnungsgemäß an die Aufnahme der Personalien gehen. Aber o weh – welches war nun der Max und welches der Moritz? Das hatte ich nur gewußt, solange sie auf meinem Arm lagen.

Allgemeine Bestürzung, die sich aber bald in Heiterkeit auflöste. Was schadete es schließlich? Um besondere Erstgeburtsrechte konnte sich's ja hier nicht handeln.

Die Mutter war erst nach Wochen soweit genesen, daß sie nach ihren Kindern sehen konnte, und dann war's auch ihr nicht mehr möglich, festzustellen, welcher Max und welcher Moritz sei. »I hätt's überhaupt nemme kennt, so dick ond fett send se worda. – Des'sch d' Hauptsach'«, sagte sie.

Der Bräutigam

Wie er heißt, wollen wir lieber nicht sagen – das ginge ihm allzusehr gegen den Strich, denn er ist von jeher mehr fürs Stille und Zurückgezogene gewesen. Er hat ja auch so einen viel schöneren Namen – »Der Bräutigam«! – Wie ist er wohl zu dem gekommen?

Saß ich da eines Abends einmal am offenen Fenster – die Kastanienbäume im gegenüberliegenden Garten blühten und es lag eine rechte Frühlingsstimmung in der Luft – da trat von ungefähr ein kleiner Nachbarsbub in mein Zimmer, pflanzte sich vor meinem Sessel auf und fragte ohne weitere Einleitung in einem feierlichen Ton: »Du, Fräulein Marie, bist du eigentlich schon verg'heiratet?« Als ich, erstaunt, wo er hinauswolle, verneinte, kam auch schon des Rätsels Lösung: »Woißt was, no nemm i de.« . . . Es war ein drolliger Anblick. Das schmächtige Büble, das trotz seines verhältnismäßig stattlichen Kopfes gar nicht weit über das Fenstergesims hinaufreichte und mir nun mit großer Wichtigkeit seine Hand entgegenstreckte, während seine dunklen, altklugen Kinderaugen erwartungsvoll an mir hingen. Konnte ich's übers Herz bringen, da nein zu sagen? . . . Fünf Minuten später verließ mein »Bräutigam« mit einer Laugenbrezel in der einen, zwei Schokolädchen in der anderen Hand hochbeglückt unsere Wohnung, und von diesem Tage an begann mein bis heute dauernder Brautstand.

»Er« war immer ein besonderes Kind gewesen. Da seine Eltern den Dachstock des uns gegenüberliegenden Hauses bewohnten, in dem der Vater als Hausknecht bedienstet war, so hatte ich Gelegenheit, ihn von frühester Jugend an zu beobachten. Als Säugling war er immer mit ernsten Augen in glänzenden, rosafarbenen Wagenkissen gelegen – später, zum Gassenkind avanciert, spazierte er stets gravitätisch in langen Röcken seines Wegs, ohne an den Spielen der anderen teilzunehmen. Dann kam der Tag, an dem er unter mörderischem Geheul bei mir zum Kinderschüle angemeldet wurde, gegen das er starken Widerwillen hegte. Richtig war er anfangs kreuzunglücklich unter den anderen Kindern und kam jeden Tag mit den düstersten Prophezeiungen heim. »Geb' no acht, Mamme, i fall no emal dia Stega (im Kinderschüle) na ond brich 's Gnick; no hent er me g'hätt.« Das traf aber durchaus nicht ein, vielmehr stieg er im Lauf der Zeit recht stillvergnügt die Treppen ins »Schüle« hinauf. Die Lehrerin hatte mit ihrer Freundlichkeit sein Herz gewonnen, das ihr nun mit großer Liebe anhing . . .

Die erste Zeit nach der »Verlobung« war auch sonst eine entscheidende für ihn, sollte sich doch nun die gefürchtete Pforte der »großen Schule« für ihn öffnen. Da ich nun natürlich gewillt war, Freud' und Leid mit ihm zu teilen, so nahm ich auch an diesen Ängsten herzlichen Anteil. Mit Wehmut brachte er seinen fellbespannten neuen Ranzen zu mir herüber, spitzte bei mir seine Griffel und trat dann, auf alles gefaßt, nach melancholischem Abschied, seinen ersten Schulgang an.

Diesmal waren seine düsteren Ahnungen nicht so grundlos gewesen.

Schlecht paßte das einsiedlerische, alles schwernehmende Kind unter die fünfzig lebhaften, ja wilden Buben seiner Klasse hinein. So kindlich er im Grunde war, hatte er doch in Reden und Gebärden etwas geradezu großväterlich Altkluges, und nichts vertragen Kinder unter ihresgleichen weniger als Altklugheit. So wurde er denn gehänselt und verspottet, und wenn auch mehr Mutwillen als Bosheit dabei war, so nahm er's doch bitter schwer. Der Lehrer konnte unter den fünfzig natürlich auch nicht jeder Individualität gerecht werden, und da der »Bräutigam« trotz aller Großvaterweisheit ziemlich langsam in der Auffassung war, so verlor er oft die Geduld mit ihm. Dann gab es kräftige Ohrfeigen, vor denen sich das zu Kopfweh neigende Kind entsetzlich fürchtete. Kurz, es war ein rechtes Kreuz. Der Bub sah schließlich in dem Lehrer seinen ärgsten Feind, dem es Freude mache, ihn zu quälen. Seufzend trat er den Schulweg an, seufzend kam er wieder heim. Das einzige, wofür er nach seinem Tagwerk noch Interesse bekunde – erzählte mir seine Mutter damals – sei das Tagblättle. Einmal, als er sich wieder, ohne sein Vesper zu berühren, darauf gestürzt habe, habe sie's ihm wegnehmen wollen. Aber da hätte er sie flehentlich gebeten, ihn doch hineinsehen zu lassen – vielleicht komme der Trauerbrief des Lehrers drin. Armes Kind! Das war eine Zeitlang seine einzige Hoffnung, obwohl dieser Herr in seiner ganzen kraftstrotzenden Gesundheit ihn erst eine halbe Stunde vorher entlassen hatte. Das Elend wäre nicht auszuhalten gewesen, wenn nicht dazwischenhinein auch einige Lichtblicke gekommen wären. Es gab schöne lange Sonn- und Feiertage, an denen man ohne alle Sorgen spazieren gehen und fast ebensolange Besuche bei uns hüben machen konnte; es gab ferner allerlei kleine Wünsche, die man einem Bräutigam selbstverständlich erfüllen mußte. »Emol mit der Rondbahn rond rom fahra« – zum Beispiel. Eines Abends gestand er mir diesen Herzenswunsch, und ich versprach ihm, denselben zu erfüllen. Am anderen Morgen – einem Feiertag – als ich in der ersten Frühe mein Staubtuch zum Fenster hinausschüttelte, spazierte drüben an der englischen Kirche – sonntäglich angetan – schon mein kleiner Bräutigam auf und ab. »Guten Morgen«, rief ich hinunter,

»was tust du denn schon so früh auf der Straße und bist so im Staat?« »Ha – du nemmst me doch mit uf d'Elektrisch«, tönte es etwas vorwurfsvoll herauf. Was blieb mir anderes übrig, als mich schleunigst anzuziehen und mein Versprechen einzulösen? Beim Einsteigen deutete er stolz auf seine blaue Kappe, welche die Aufschrift »Kronprinz« trug. »Jetzt moenet d' Leut, du häbscht da Kronprenz bei d'r«, sagte er triumphierend und setzte sich recht behaglich in seinem Eckplatz zurecht. Während der Fahrt machte er mich in väterlich besorgter Weise auf die wichtigsten Baulichkeiten der Stadt aufmerksam und belustigte die Mitfahrenden durch seine altklugen Bemerkungen. Je näher wir aber wieder unserem Ausgangspunkt kamen, desto länger wurde sein Gesicht. Zart deutete er an, daß er am liebsten nocheinmal »rom« fahren würde. Dazu hatte ich aber unmöglich Zeit. – Nun, er nahm das nicht weiter übel, sondern sah mich beim Aussteigen nur mit einem vielsagenden Blick an und sagte: »Wart' no, wenn i emol 's Portemonnaie han, no laß' i di sieba Mol romfahra.«

Mit unserer beiderseitigen Zukunft beschäftigte er sich überhaupt des öfteren. Es sei mir doch recht, wenn er Hausknecht werde, fragte er mich eines Tags. Er saß mit mir am Tisch und hatte das Gesicht voll Sorgenfalten. Als ich bejahte, rutschte er von seinem Stuhl hinunter und begab sich ins nebenanliegende Besuchszimmer, wo ich ihn laut und bedächtig zählen hörte. »Oes, zwoi, drei, vier.« – Bei seiner Rückkehr sah er bedeutend zuversichtlicher drein. »Du, dei Schweschter hot acht Sophä« – er meinte damit auch die Plüschsessel – »soviel braucht se net; do nemmet miar drei mit«, sagte er.

Die Fahrt mit der Elektrischen hatte ihn zu einer merkwürdigen Liebhaberei angeregt, nämlich zum Sammeln von Fahrscheinen. Man konnte sicher sein, ihn in seiner Freizeit an irgend einer Haltestelle anzutreffen, wo er mit wahrer Gier auf die weggeworfenen grünen Zettelchen hineinfuhr. Er hatte es bereits auf den stattlichen Besitz von sechs wohlgefüllten Zigarrenkistchen gebracht, als ihm jemand vernünftigerweise riet, statt der wertlosen Scheine doch lieber Marken zu sammeln.

Gedacht, getan. Von nun an wurden Marken gesammelt mit einer geradezu beispiellosen Ausdauer, die um so großartiger war, als der arme Bub ja sehr wenig Erwerbsmöglichkeiten hatte. Anfangs verstand er's freilich nicht so recht; er konnte im höchsten Glück berichten, daß er jetzt eine »Eßlingen« oder eine »Rauhe Alb« in seiner Sammlung habe, aber bald mußten wir staunen, mit welcher Sicherheit er die Marken der fernsten Länder zu bestimmen wußte. Stundenlang konnte er vor einem Schaufenster stehen, in dem Marken ausgestellt waren und alles bis in die kleinste Einzelheit studieren.

Aber trotz dieser Sammeltätigkeit, die seine ganze Freude war, ging nebenher das Elend mit der Schule weiter.

Er war allmählich vor lauter Angst so verdattert, daß er dem Lehrer überhaupt keine vernünftige Antwort mehr gab, so daß es dieser für böswillige Verstocktheit hielt und weniger als je mit Ohrfeigen sparte. Da kam mein armer Bräutigam eben oft laut jammernd zu mir, um Trost zu suchen. Aber was war zu machen? Seine Eltern – brave, bescheidene Leutlein – hätten sich selber viel zu sehr gefürchtet, als daß sie mit dem gestrengen Herrn Rücksprache genommen hätten, und mein eigenes Verhältnis war doch nicht offiziell genug zu einem solchen Schritt. Das einzige, was der Vater in dieser Angelegenheit zu tun pflegte, war, daß er den Lehrer seiner eigenen Jugend, bei dem es statt Tatzen nur »Bombole« gegeben hätte, überschwenglich lobte – eine Tatsache, die den Jammer seines Sprößlings nicht eben verminderte.

Mittlerweile kam mein armer Bräutigam auch körperlich

immer mehr herunter. Bleich und hohlwangig berichtete er mir eines Tags, daß er jetzt eine Arznei einnehme »gegen den Appetit«. Als mir dazuhin seine Mutter sagte, er hätte einmal geäußert, wenn er's eben gar nimmer aushalte, werde er sich auf die Schienen legen, war ich doch fest entschlossen, irgend etwas in der Sache zu tun.

Aber da geschah ein Wunder. Eines Morgens sah ich statt der langsam schleichenden kleinen Jammergestalt einen munteren Buben mit dem Ranzen auf dem Rücken in die Schule springen. Ich traute meinen Augen kaum. War er's denn wirklich?... Ja, denn ebenso vergnügt, nur etwas langsamer und deutlich erkennbar, marschierte er nach 12 Uhr wieder unser »Bergele« herauf. Und so fortan alle Tage.

Das war aber so zugegangen.

Eine Bekannte hatte unserer Nachbarin als ein Heilmittel gegen Kopfweh das sogenannte Kammfett empfohlen. Es rieche zwar ein wenig schlecht, sei aber unfehlbar. Diese hatte auch sofort ein beträchtliches Quantum davon erstanden und das Haupt ihres Sohnes gehörig eingefettet. Wie ein alttestamentlicher König gesalbt war derselbe eines Morgens in der Schule erschienen. Leider hatte schon in der ersten Stunde, in der ein schweres Diktat gegeben wurde, diese Königswürde etwas gelitten.

»Zwanzig Fehler hat der Müller. Da hört schon alles auf«, sagte der Lehrer und ging mit wuchtigen Schritten auf des Bräutigams Platz zu. Da... zwei »saftige« Ohrfeigen saßen ihm brennend am Kopf. Aber was war das? Der Lehrer bleibt stehen, riecht ganz bestürzt an seiner feuchtgewordenen Hand und fährt ihn an: »Pfui Teufel, Kerl, was hast denn du auf'm Kopf?« »Kammfett«, sagte der Bräutigam strahlend, auch einmal etwas ganz sicher zu wissen. Da sieht ihn der Lehrer nur noch mit einem undefinierbaren Blick an. Dann heißt's: »Der Lehrer ging, und nimmer kehrt er wieder.« – Das waren des glücklichen Bräutigams letzte Ohrfeigen gewesen.

Wenn ihn von da an seine Mutter morgens frisierte, sagte er stets mit einem schlauen Lächeln: »Gelt Mamme, no recht Kammfett nuffg'schmiert!« –

Nun hatte das Leben ein anderes Gesicht. Ordentlich jung geworden, sprang der Bräutigam jetzt auf der Straße herum. Jeder Tag brachte eine neue Freude. Einmal eine seltene Marke, dann wieder ein Stückchen Schokolade – »Du, Fräule Marie«, schrie er übrigens anläßlich dieses Geschenks aus seinem Fenster herüber: »Dei Schokladtafel hot drei Schüssla Kaffee gä.« – Dann wieder durfte er mit seinem Vater einen Waldspaziergang machen, oder dachte sich selber irgend etwas aus, das ihn freute. So verhieß er in dieser Zeit der jungen Liebe einmal, mir einen Fackelzug zu bringen. Richtig erschien mit Dunkelwerden ein winziges Laternchen auf der Straße, das langsam vor unserem Haus auf und ab getragen wurde. »Siehst me? – I ben's« rief meines Bräutigams Stimme herauf.

Und nun kam zu aller Wonne noch die Vakanz, wo man weder Bücher noch Hefte mehr anzusehen brauchte und den lieben langen Tag tun konnte, was man wollte. Sogar verreisen durfte mein kleiner Freund, worauf er sich königlich freute. »Zum Ähne uf d'Alb.« »Denket no, wo mei Pape klei gwä ischt, ischt mei Ähne sei Vatter gwä«, fügte er dieser Mitteilung tiefsinnig hinzu.

Weniger erfreulich war es ihm, daß auch wir um diese Zeit unsere alljährliche Sommerreise antraten. Da wir längere Zeit fortblieben, war er natürlich lange vor uns zurück. Seine Mutter erzählte nachher, wie wehmütig er täglich zu unsern geschlossenen Fensterläden herübergeblickt hätte. Kein Bräutigam hätte seine Braut sehnsüchtiger erwarten können, als er mich erwartet habe. Dann endlich seien unsere Läden aufgegangen. »Se kommt«, habe er in hellem

Jubel gerufen, und sofort sein Sparkässchen vorgeholt, weil er mir zum Empfang etwas kaufen wollte. Freudestrahlend streckte er uns dann die Hand entgegen und sagte feierlich: »Willkomm!« Meine Schwester hatte ihm allerlei Marken – u. a. die sehnsüchtig begehrte ungarische »Fufzigere« – mitgebracht. Da wußte er sich nicht zu lassen vor Freude, dankte inbrünstig und flüsterte ihr blinzelnd zu: »Wenn sui no gstorba ischt, nemm e di.« Der Treulose!

Ein Jährle ums andere ging inzwischen vorbei. Der Bräutigam hatte verschiedene Lehrer gehabt, die sanfterer Natur waren als jener erste, und der Verbrauch an Kammfett war bedeutend zurückgegangen. Er ging jetzt in eine der letzten Klassen, lernte in der Schule nebenher das Buchbinden und fragte mich gelegentlich, ob ich nichts dagegen hätte, wenn er einmal Buchbinder würde. Obwohl ich diesem Plan freudig zustimmte, ließ er übrigens nicht mehr viel von Zukunftsplänen verlauten und lächelte nur mitleidig, wenn ich ihm von seiner »Jugend« erzählte, wie er sich da z. B. schon das Menü unseres Hochzeitstags – »Salzkartoffel und Kendlesbrei« – ausgedacht habe.

Treulich hielt er aber an seiner Liebhaberei des Markensammelns fest. Er besaß nun schon Tausende von Marken und hatte es durch eine merkwürdige Findigkeit im Aufspüren von Quellen zu einer auch bezüglich der Qualität recht ansehnlichen Sammlung gebracht.

Der letzte Christtag hatte ihm auch noch von seiner vornehmen »Dote« ein großes und schönes Album beschert. Damit war er auf dem Gipfel seines Glücks angelangt.

Wer beschreibt aber mein Staunen, als ich nach einer Woche hörte, er habe sein über alles geliebtes Markenalbum ganz aus eigenem Antrieb der Mission geopfert! Am Erscheinungsfest hatte er wieder einmal in seiner Sonntagsschule, die er sehr gern besuchte, von dem Jammer der Hei denwelt gehört und zum erstenmal von dem großen Defizit der Basler Mission sprechen hören. Da war langsam der große Entschluß in ihm gereift.

Ich habe nicht mehr viel zu erzählen von ihm. Seine Schulzeit geht vollends rasch ihrem Ende zu. Dann heißt's hinaustreten in einen neuen Kampf. Aber ich meine, wer so wie er imstande war, die ganze Freude seiner Kinderzeit selbstlos zu opfern, dem kann's nicht schlecht gehen im ferneren Leben. Glück auf also, mein kleiner Bräutigam!

NB. Neuerdings hat er übrigens still und mit zäher Geduld aufs neue angefangen zu sammeln. Vielleicht hilft ihm das eine oder andere ein wenig?

»Wem Gott will rechte Gunst erweisen«

Drückende Julihitze lag über der Stadt; die Straßen waren heiß und staubig, und die Leute gingen matt ihres Wegs.

Es war mir nicht leicht geworden, unsere verhältnismäßig kühle Wohnung zu verlassen, aber meine Abreise stand nahe bevor, und ich mußte vorher noch nach einer armen Familie in der Xstraße sehen, die mir dringend empfohlen worden war. In dem Gewinkel der Altstadt war die Hitze womöglich noch ärger – ein schlechter Geruch von Speisen und ungelüfteten Häusern schlug mir entgegen.

Das gesuchte Häuschen stand in einem dunklen Winkel; trotz des sonnenhellen Julitags war's ordentlich finster in dem engen Treppenhaus.

Dumpfe Schwüle lagerte in dem Stübchen, dessen Tür ich nach einigem Herumtasten gefunden hatte.

Um einen in der Mitte stehenden Tisch saßen ein paar Kinder verschiedenen Alters. Sie hatten die Köpfe auf ihre verschränkten Arme gelegt und sahen kaum auf, als ich ins Zimmer trat. Ein Ausdruck stumpfer Traurigkeit lag auf ihren Gesichtern. In dem an die Wand gerückten Bett lag eine Frau, offenbar die Mutter. – Die Fenster des Stübchens waren trüb und schmutzig, aber selbst, wenn sie hell gewesen wären, hätte man in dem dunklen Winkel nichts von dem Sonnenschein draußen geahnt.

Ich trat zuerst zu der Frau, die mir auf meine Fragen freundlich Antwort gab. Ja, es gehe ihnen allen sehr schlecht gegenwärtig. Der Mann habe nur einen geringen Verdienst, sie selber könne sich von einer Krankheit im

Frühjahr nicht erholen, und die Kinder seien verdrossen und klagten immerfort über Müdigkeit. Besonders Paul, der Älteste, der sonst so vergnügt und fleißig gewesen sei, mache ihr Sorge.

Es war klar, um was sich's hier handelte. Einfach um blutarme, schlechtgenährte Stadtkinder, die dringend eine Weile andere Luft und Nahrung haben sollten. Die Wände des dunklen Zimmers wichen vor meinem Blick auseinander – hinter den trostlosen Häuservierteln sah ich grüne Wiesen und schattige Wälder und Bauernhäuser, in deren Ställen stattliche Milchkühe standen. Hinaus mußten sie, meine Großstadtpflänzlein samt ihrer Mutter, sonst verdursteten sie noch in ihrem harten, trockenen Erdreich.

Es war, als ob die Kinder am Tisch meine Gedanken geahnt hätten. Paul schaute mich mit einem sehnsüchtigen Blick an, und die beiden Kinderschüler – Jakob und Mariele – krabbelten von ihren Stühlen herunter und machten entschiedene Annäherungsversuche.

Frau Schmelzle und ich – der Name paßte recht schlecht in die ärmliche Situation – berieten nun, was zu tun sei. »Könnte Paul nicht mit einer Ferienkolonie gehen?« meinte ich. »Freilich«, sagte sie, während das Rot der Verlegenheit in ihr mageres Gesicht stieg. – »Sein Lehrer hat ihm neulich so einen Zettel mit heimgegeben. Aber auf dem ist auch gestanden, was sie alles mitbringen müssen. Zwei Paar Schuhe! Zwei Anzüge! Liebe Zeit, ich bin froh, wenn er nur das hat, was er auf den Leib braucht! Auch sonst noch allerlei, sogar eine Zahnbürste! Nein, Büble, hab' ich gesagt, das ist nichts für uns!«

Daß sie nur hätte aufs Armenamt zu gehen brauchen, um die nötigen Kleidungsstücke zu bekommen, das wußte sie nicht und wäre wohl auch zu schüchtern dazu gewesen.

Nun, es war ja noch Zeit. Erst vor ein paar Tagen hatte die

Vakanz angefangen. Ich versprach Frau Schmelzle, sofort die nötigen Schritte zu tun.

Als Paul erfaßte, um was es sich handelte und ich mit ihm verabredete, ihn am anderen Tag punkt zwei Uhr zum Besorgen der nötigen Sachen abzuholen, verwandelte sich sein trauriges Altmännergesicht plötzlich ins strahlendste Bubengesicht.

Nun standen aber auch noch Jakob und Mariele da, und zwar in unserer nächsten Nähe, die, mit dem Finger im Mund bzw. der Nase, erwartungsvoll den Verhandlungen gefolgt waren. Wohin mit ihnen?

Mir fiel eine brave Frau bei Kirchheim ein, die schon manchmal in solchen Fällen ausgeholfen hatte. Ihr wollte ich schreiben. Inzwischen heiterten ein paar Zuckerle die kleinen Gemüter sichtlich auf.

Auch Frau Schmelzle wurde nun ganz lebhaft. Sie erinnerte sich, daß sie ja eine Schwester besäße, die auf dem Land im eigenen Häusle und Gütle wohne. Bei der dürfe sie sich selber gewiß eine Weile erholen.

Als ich am anderen Tag in das Gäßchen einbog, sah ich schon von weitem den kleinen Paul vor seinem Haus stehen. Natürlich, dachte ich, das arme Kind kann's nicht erwarten. – Als er mich sah, ging er mir schnell entgegen und flüsterte verlegen: »Aber gelt, du gohscht voraus? Narr, dia Buaba tätet mi elend auslacha, wenn i mit dir laufa müeßt!« – Also das war der Grund! Nun, ich nahm's dem Knirps nicht weiter übel. Es war ja eigentlich ein gutes Zeichen, wenn sich in dem noch gestern so apathischen Kind dieses echt bubenhafte Ehrgefühl regte.

Als wir ein paar Straßenlängen gegangen waren – ich gehorsam voraus – fühlte ich aber doch auf einmal ein schüchternes Händlein in der meinen; nun hatten wir scheint's den Bereich der Kameraden verlassen.

Überall ging's uns gut. Der freundliche Doktor, von dem

wir ein Zeugnis haben mußten, machte seine Scherze mit Paul, der sich immer mehr als recht aufgewecktes Bürschlein zeigte. »Na, du kriegst's aber gut, Kleiner«, sagte er. »Milch trinken darfst, soviel du magst und den ganzen Tag spielen und spazieren gehen.«

Paul strahlte. »Du«, sagte er, als wir wieder auf der Straße waren, »no kriag i am End au a Bett allei?« Als ich bejahte, führte er vor Freude einen wahren Indianertanz auf. Ein eigenes Bett war ihm scheint's der Inbegriff allen Wohllebens. Auf dem Armenamt gab's leider nur Mädchenkleider. Dafür wurde Paul zu seinem sprachlosen Entzücken mit einem Rucksack und Regenschirm – beide von kolossalen Dimensionen – beschenkt.

»Für dich selber ist's ja zu groß«, meinte der Beamte, »aber du darfst's deinem Vater bringen.«

Paul jedoch war anderer Ansicht. Kaum hatten wir das Haus verlassen, als er den Rucksack auf den Rücken nahm und mir bedeutete: »Den kriagt mei Vatter fei net.«

Den Rucksack auf dem Rücken und den Riesenschirm in der Hand ging's nun noch in allerlei Läden, wo das Gekaufte jedesmal mit großer Wichtigkeit der obigen Hülle einverleibt wurde. Den Beschluß machte ein Spielwarenladen. Irgend eine Kleinigkeit, die nicht absolut notwendig war, sollte er doch auch noch mitbekommen. Aber freilich: »Wer die Wahl hat, hat die Qual.« Nach unendlichem Besinnen entschied er sich für ein Schmetterlingsnetz. Meinen Einwand, ob er nicht etwas wolle, mit dem er dann auch winters spielen könne, wies er kurzerhand zurück: »Seit e leb', möcht' e gern so a Netz.«

Er war übrigens sehr bescheiden beim Einkauf seiner Sachen. Wenn ich ihn irgendwo wählen ließ, sagte er stets: »Nemmscht 's Billigst'!«

Auf dem Heimweg war er in so glückseliger Stimmung, daß er mir seine geheimsten Gedanken anvertraute. Unter anderem hatte er den nicht eben seltenen Wunsch, König zu werden. »Aber bloß, daß e mit em Zeppelin nuff dürft«, fügte er hinzu.

Aber trotz aller Dankbarkeit war's ihm aus den bekannten Gründen lieber, wenn ich ihn zuletzt allein heimgehen ließ. So um den Marktplatz herum wurde er sichtlich unruhig und verabschiedete mich etwas eilig.

Ganz aufgeregt vor Freude sei er dann heimgekommen, erzählte mir seine Mutter. Alle seine Herrlichkeiten habe er vor ihr ausgebreitet und gesagt: »Nemm no a Blei ond a Papier ond schreib uf: i woeß no älles, was 's kost't hot.« Und als sie ihm dann das Sümmchen nannte, habe er gesagt: »Dui hot a Heidageld für mir ausgä, sobald du g'sond bischt, bedankst de bei er.«

Inzwischen war auch von auswärts Antwort eingelaufen. Die Schwester Frau Schmelzles war gerne bereit, diese bei sich aufzunehmen und versprach, recht kräftig für sie zu kochen. Die Frau bei Kirchheim wollte nächsten Montag selber kommen, um Jakob und Mariele abzuholen. Am selben Tag sollte auch Paul mit der Ferienkolonie abreisen. Eitel Freude herrschte in dem dunklen Winkel, in den in Familie Schmelzles Gedanken schon etwas wie Landluft hereinwehte. Auch der Vater freute sich mit, obwohl er allein leer ausgegangen war und nicht einmal den Rucksack bekommen hatte.

Am Montag vormittag standen sie alle sauber gewaschen und gekämmt am Fenster. Frau Schmelzle war über eine getragene Bluse, die ich ihr noch brachte, zu Tränen gerührt und sagte immer wieder: »Also wia em a G'schichtle, wia em a G'schichtle. Jetzt han i doch emol a G'schichtle erlebt.«

Nur Paul war – offenbar vor Aufregung – in keiner sehr guten Stimmung. »Wega dei'm Schmetterlengsnetz han e de ganz' Nacht net schlofa könne«, tat er mir zu wissen. Und als ich den Zusammenhang nicht gleich verstand, erklärte er sich deutlicher: »Ha, weil me's greut, daß e net ebbes anders g'nomma han.« Das »andere« entpuppte sich als ein Schiffle, das er im Spielwarenladen auch sehr bewundert hatte. Mein Versprechen, ihm bei Fleiß und gutem Betragen dasselbe ein andermal zu schenken, söhnte ihn dann mit seinem Geschick aus.

Ich hatte die Aufgabe übernommen, Jakob und Mariele an den Bahnhof zu geleiten, wo wir mit der fremden Pflegemutter zusammentreffen wollten. Es war mir ein wenig angst davor, wie die Kleinen diesen ersten Abschied in ihrem Leben überstehen würden.

Zu meiner Beruhigung ließen sie sich aber gleich von Frau K. an der Hand nehmen und guckten voller Freude aus dem Wagenfenster zu mir auf den Bahnsteig heraus.

Der Zug pfiff. »Sagt schön adieu«, gebot Frau K. Da winkten Jakob und Mariele wie im Kinderschüle auf Kommando mit ihren Händchen und riefen unters Rollen der Räder hinein seelenvergnügt mit singenden Stimmchen: »A ... dieu Fräu ... lein Jo ... senhans, wir dan ... ken für Ih ... ren Be ... such, kom ... men Sie bald wie- ... der!« Nun konnte ich unbesorgt heimgehen.

Vier Wochen darauf war die ganze Familie wieder beieinander. Die Kinder mit volleren, rot angehauchten Bäckchen, frisch und vergnügt. Jakob und Mariele sprachen so bäurisch, daß man Mühe hatte, sie zu verstehen. Frau Schmelzle war prächtig erholt und dankbar für alles Genossene und der Mann froh, daß er die Seinen wieder gesund um sich hatte. Auch Paul äußerte sich in seiner drolligen Art sehr anerkennend. »An dei'm Schmetterlengsnetz han e no a arga Freud ghätt«, sagte er gnädig.

»So, das freut mich, hast du denn auch Schmetterlinge gefangen?« fragte ich. »Noe – aber welke Blätter«, sagte er höchst zufrieden.

Der Hirtenbub

In dem Dörfchen Sahora in Ungarn herrschte eines Tages große Aufregung. War doch das Büblein des Nachtwächters und Ausrufers, der im letzten Haus des Fleckens wohnte, in einen Kübel kochenden Wassers gefallen und hätte von Rechts wegen eigentlich sterben sollen. Darauf wartete eine ganze Stube voll Neugieriger, die alle gekommen waren, um der Frau Molnár, der Mutter des verunglückten Kindes, ihre Teilnahme kund zu tun.

Da lag das arme Würmchen auf dem Tisch auf einem Polster und wimmerte zum Erbarmen. Die weise Frau, die zufällig auch die Tante des kleinen László war, hatte ihn in Fettlappen gewickelt, sprach ihm aber auch das Leben entschieden ab. Den Vater traf die Hiobspost beim Ausüben seines Amtes. Er hatte eben den Dorfleuten mit Trommelschall und mächtiger Stimme verkündigt, daß es bei Strafe verboten sei, Hunde in die Weinberge mitzunehmen. Man hatte nämlich entdeckt, daß diese die größten Traubendiebe seien. Der Mann war außer sich, seinen kleinen Liebling, mit dem er kaum eine halbe Stunde vorher getändelt hatte, in solch jammerwürdigem Zustand wiederzusehen. In den zärtlichsten Tönen rief er ihn wieder und wieder beim Namen. Der kleine Dulder hatte aber nur ein schmerzliches Wimmern zur Antwort. Ein reitender Bote war schon abgeschickt, um Furák, den Wunderdoktor, der auf der nächsten Pußta hauste, zu holen. Auf ihn setzten die Eltern noch ihre einzige Hoffnung, hatte er doch in der Familie des Nachtwächters ganz wunderbare Kuren gemacht.

Vor wenigen Wochen erst hatte sein Eingreifen dem kranken Ausrufer den lang entbehrten Schlaf wieder gebracht. Rasende Schmerzen im Ohr, die offenbar von einem Geschwür herrührten, quälten ihn Tag und Nacht. Die um ihre Dorfleute besorgte Gutsherrin hatte ihren Hausarzt aus der Stadt holen lassen, der heiße Kartoffeldämpfe verordnete. Als der ungeduldige Patient aber nach den ersten Umschlägen nicht sogleich Linderung spürte, mußte der alte Furák kommen und helfen. Und er kam und half. Mit einem rostigen Bohrer, den er zu dem Zweck mitgebracht, fing er an, in dem kranken Ohr herumzubohren, als ob er ein Stück Holz vor sich hätte. Alles Schreien und Brüllen half nichts. Er ließ erst nach, als das Ohr anfing, zu fließen. Der also Behandelte konnte nach Wochen zum erstenmal wieder schlafen. Nur *eine* Nacht noch versah seine bessere Hälfte für ihn seinen Dienst. In der darauffolgenden klang seine Baßstimme wieder durch die Nacht und verkündete den schlafenden Brüdern und Schwestern die dahineilenden Stunden.

Der Schwiegermutter, die zänkisch war und sich oft ungebärdig benahm, verordnete Furák ein *sehr* heißes Bad, das Wunder wirkte und die alte Frau lammfromm machte. Einem von Molnárs Buben verhalf Furák zum Freiwerden vom Militär.

Pista, so hieß der Junge, kam nämlich mit zusammengewachsenen Fingerchen an der rechten Hand zur Welt. Das beglückte die Eltern sehr in Gedanken an die einstige Militärzeit. Die Gutsherrin, welche die Sache anders auffaßte, schickte ihren Hausarzt, der die kleinen Finger auseinanderschnitt und sorgsam jeden einzeln verband.

Kaum hatte dieser Herr aber der Tür den Rücken gekehrt, als auch schon nach Furák geschickt wurde. Sofort nahm dieser den Verband ab und legte ihn so an, daß die Fingerlein wieder zusammenwachsen mußten.

Für das verbrühte Büblein wußte er leider keinen Rat, hieß

aber die Verordnungen der Tante gut und zweckmäßig. Die Stube leerte sich allmählich. Die Frauen eilten nach Haus, um ihren Männern das Mittagessen zu kochen. Sie fanden jetzt das Unglück weit nicht mehr so groß. Wenn László am Leben blieb, war er jedenfalls zum Militärdienst untauglich. Also zwei Buben, die frei wurden. – Die Molnárs hatten eigentlich unverschämtes Glück und waren weit eher zu beneiden, als zu bedauern!

Und László blieb am Leben. Er sah aber entsetzlich aus: kein Härchen mehr auf dem Kopf und über den Augen, die Haut im Gesicht rot und zusammengeschrumpft. Das wurde mit den Jahren nicht besser, er war und blieb ein furchtbar entstelltes Kind, wußte es aber glücklicherweise nicht. Wenn er sich auf der Straße zeigte, schrien ihm freilich die bösen Dorfbuben nach: »Kahlkopf – roter Krebs.« Das arme Kind meinte aber, das müsse so sein und machte sich nicht viel daraus. Und die Eltern Lászlós waren ganz zufrieden, wußten sie doch nun gewiß, daß ihr Sohn zum Soldaten nicht zu brauchen war. Mit vier Jahren führte er schon ein Schäfchen zur Weide. Sein älterer Bruder hatte ihm ein Pfeifchen geschnitzt und bei gutem Wetter wanderte er zufrieden, den Hut auf dem Kopf, nur mit einem Hemdchen bekleidet, einen Stab in der Hand, aufs Feld hinaus.

Eines Tages nun schickte ihn seine Mutter mit irgend einem Auftrag ins Dorfwirtshaus. Dort saßen rauchend und zechend eine Anzahl junger Burschen. In ihrer Weinlaune machten sie sich den Spaß, das entstellte Kind in einen Spiegel sehen zu lassen. Er erschrak so sehr vor seinem Spiegelbild, daß er laut weinend nach Haus lief, sich unters Bett verkroch und wochenlang nicht mehr dazu zu bringen war, ins Freie zu gehen. Erst, als man ihm sagte, daß sein Schäflein anfange zu kränkeln, weil es schon so lange die frische Luft entbehren müsse, entschloß er sich, das Tier wieder auf die Weide zu führen. Draußen vergaß er dann auch bald sein Leid und der ihm angeborene Frohsinn kam wieder zum Vorschein. Dort, wo zwischen welligen Hügeln die weiten grünen Wiesen sich dehnten, wo klare Bächlein plätscherten und große bunte Blumen ihm zuwinkten, da war so recht sein eigenes Reich. Da waren keine bösen Buben, die ihn verspotteten, und sein Naturspiegel, das Bächlein, gab sein Bild um Vieles schöner wieder, als der häßliche Spiegel in der Dorfschenke. Das Schäflein weidete unfern zu seinen Füßen und ließ sich das lange saftige Gras schmecken. Wollte er es zu sich rufen, so zog er seine kleine Pfeife aus der Tasche und blies ein paar schüchterne aber melodische Töne. Dann kam blökend das Schäflein gelaufen, rieb seinen Kopf an Lászlós Knien und ließ sich von ihm streicheln. Um Mittag zog er sein Brot mit einem Stück Speck oder schönem weißen Schafkäse aus der Tasche und schmauste mit dem Schäflein um die Wette. Die Stunden vergingen, er wußte nicht wie – und wenn gegen Abend vom Dorf herüber die Glocke klang und ein roter, goldener Schein sich auf die Wiesen legte, dann war's Zeit, heimzugehen.

Der kleine Tibor, der Sohn des Gutsherrn, hatte von dem unglücklichen Hirtenbüblein gehört und bat seine Mutter, dasselbe mit ihm aufzusuchen. Er packte allerlei Spielsachen zusammen, die er dem Hirtenbüblein schenken wollte und machte sich an der Hand seiner Mutter auf den Weg. Es dauerte gar nicht lange, so hörten sie den Hirten pfeifen und bald darauf sahen sie ihn am Abhang eines Hügels sitzen. Zuerst wollte er fliehen, als ihm aber Tibor zurief, daß er ihm etwas mitgebracht habe, blieb er stehen und erwartete neugierig die Spaziergänger. In fünf Minuten waren die beiden ungleichen Kinder die besten Freunde. Von jetzt an warf sich Tibor als Lászlós Beschützer auf. »Ich habe einen Säbel, ein Gewehr und eine Peitsche, und wenn dich die bösen Buben wieder quälen, brauchst du's nur mir zu sagen.« Als er ihm dann noch die mitgebrachten Spielsachen gab, wußte sich László vor Freude nicht zu fassen. Er warf sich auf die Erde und schlug in seinem Glück einen Purzelbaum um den anderen. Jetzt fing eine herrliche Zeit für ihn an. Beinahe täglich kam er mit seinem neugewonnenen Freund, dem einzigen, den er hatte, zusammen und nie vergaß Tibor, etwas für László in die Tasche zu stecken, sei's zum Spielen, sei's zum Essen. László hatte gar nicht gewußt, daß es so köstliche Dinge gebe. Eine ganz neue Welt ging dem Kind auf. Die Gutsfrau erzählte Geschichten, daß er alles um sich her vergaß. Als dann der Spätherbst nahte und sie einmal mit den beiden Knaben eine Schar fliegender Störche sah, erzählte sie ihnen von den Zugvögeln, die über den Winter nach dem Süden ziehen.

Ganz aufgeregt kam am Abend dieses Tages László nach Hause und riet seiner Mutter dringend, doch ja die Gänse eingesperrt zu lassen, die gnädige Frau, die alles wisse, habe gesagt, wenn es kalt werde, ziehen die frierenden Vögel nach Ägypten und er habe heute schon des Nachbars Gänse übers Dach fliegen sehen.

An Weihnachten durfte László ins Herrenhaus kommen. Da glaubte er, im Himmel zu sein. Er bekam eine Menge schöner Spielsachen und gute warme Kleider für den Winter. Nur ungern ging er wieder in sein bescheidenes Häuschen zurück. Auch Tibors sehnlichster Wunsch wurde erfüllt. Richtige Hirtenkleider waren auf seinem Weihnachtstisch ausgebreitet. Aber nicht lange lagen sie dort. Ehe er all seine übrigen Herrlichkeiten sich angeschaut, war er schon ins Hirtenkleid geschlüpft. Er war so begeistert von seinem Kostüm, daß er es gar nicht mehr hergeben wollte und anderen Tags, als er in seinen gewöhnlichen Kleidern beim Tee saß, grollend behauptete, er möchte viel lieber ein

Nachtwächterssohn sein als der des Gutsherrn. »Mein Söhnchen«, sagte da seine Mutter fast ein wenig verletzt, »dann würdest du aber keine Schokoladetorte zur Taufe bekommen.« (Er ließ sich nämlich eben eine schöne Portion davon schmecken.) »O«, erwiderte er aber schnell besonnen, »dann würd' ich das gar nicht kennen und Lászlós Schafkäse noch viel besser finden.« László hatte es in seinem Hirtenamt weiter gebracht und durfte neben seinem eigenen Schäfchen noch die Ziegen eines Nachbars hüten. Für die Zukunft machte Tibor seinem Hirtenfreund die kühnsten Versprechungen. Wenn er einmal Gutsherr sein wird, darf László im Herrenhaus wohnen. Sie speisen dann an einem Tisch, fahren miteinander aus und sind immer beisammen. Ganz so intim werden sich ja wohl ihre Beziehungen nicht gestalten, aber ein schönes Band wird immer bleiben zwischen Tibor und seinem kleinen Schützling.

Frieder Armbruster

Dem dicken Frieder war alles egal: ob's Sonntag war oder
Werktag – ob die Sonne schien oder ob's regnete, ob er
Schuhe an den Füßen hatte und Bubenhosen trug oder ob
er barfuß in ausgewachsenen »Mädleskleidern« herum-
lief. Nur eine Sorge erfüllte sein Herz: ob er auch genug zu
essen bekäme. Das war leider in seiner Lage gar nichts so
Selbstverständliches – denn seine Eltern waren bitter arm.
Der Vater ein notorischer Trinker, die Mutter, statt von der
Arbeit vom Bettel lebend – was Wunder, daß Frieder keine
besonders ideale Geistesrichtung mit auf den Weg bekommen hatte.

Dieser Weg führte ihn zunächst ins Kinderschüle, wo er
sich bald durch sein großartiges Phlegma eine Ausnahme-
stellung erworben hatte.

Bei meinen Besuchen fiel mir bald das dicke Büblein auf,
das sich beim muntersten Ringelreihen nur eben mitzie-
hen ließ und am liebsten mit schläfrigen Augen im Bänk-
chen saß. Seine nähere Bekanntschaft aber machte ich erst,
als sich bei ihm daheim ein Schwesterlein eingestellt hatte
und seine Mutter um eine Pflegerin vom Verein bat. Da es
meine Aufgabe war, für eine solche zu sorgen, lernte ich damals Frieders trauriges Heim kennen.

Eine öde verwahrloste Stube, in der kaum die nötigsten
Möbel standen – der Säugling schlecht gebettet in einer
schwärzlichen Kohlenkiste – stickige Luft – trübe Fenster,
kurzum – das ganze Elend eines bis aufs Äußerste herun-
tergekommenen Haushalts.

Neben der Kohlenkiste saß Frieder wie gewöhnlich in sei-

nem Halbschlaf, der aber bei meinem Eintritt einer unge-
wohnten Lebendigkeit Platz machte.

»Dui kenn' i«, bedeutete er seiner Mutter, die verdrossen
in ihrem schmutzigen Bett lag und nicht viel Notiz von ihrer Umgebung zu nehmen schien. Frieder zeigte sich dafür
um so beredter. Kaum hatte ich mich auf dem einzigen ver-
fügbaren Stuhl niedergelassen, so saß er schon auf meinem
Schoß, lachte mich mit zwei sehr tiefen Grübchen in den
dicken Wangen an und sagte zärtlich: »Du, i mag de.«
Dann begann er unaufgefordert mich über allerlei Lebens-
gewohnheiten seiner Familie zu orientieren. »Do schlof'
i«, sagte er und deutete auf den schmalen Zwischenraum
zwischen den Betten der Eltern. »Wenn aber der Pape älla-
mol eigsperrt isch', därf i en sei Bett.« Seiner Mutter waren derartige Eröffnungen nicht sehr angenehm, und ich
erhob mich bald, um sie nicht noch mehr in Verlegenheit
zu bringen. Frieder ließ sich's absolut nicht nehmen, mich
heimzubegleiten.

Das war der Anfang unserer sehr regen Beziehungen, zu-
mal von nun an kein Tag verging, an dem Frieder nicht ein-
gangheischend vor unserer Glastüre gestanden wäre, um
irgend eine höchst unnötige Botschaft von daheim auszu-
richten. »En Grueß von meiner Mamme und mei Pape hätt
geschtern so en arga Rausch g'hätt!«... »En Grueß von
meiner Mamme ond mei Pape hätt se so arg verhaue...«
Das war so die Tonart der meisten Meldungen, deren sich
Frieder mit dem strahlendsten Gesicht der Welt entledigte.
Wenn er dann seinen Wecken oder ein Stück Brot in Empfang genommen und damit den tieferen Zweck seines Bo-
tengangs erfüllt hatte, ging er hochbefriedigt von dannen.
Mitunter waren's aber auch richtige Bettelgänge, zu denen
ihn seine Mutter anhielt, ewige Bitten um Geld zu Milch,
Brot, Arznei usw. Mir tat der arme Bub leid, in dem so früh
schon jeder Funke von Ehrgefühl vernichtet wurde.

»En Grueß von meiner Mamme ond wo denn dui ›Brocka-versammlong‹ sei?« – richtete er eines Tags aus. Eine mit-leidige Tante wollte dem Schwesterlein, das immer noch in der Kohlenkiste lag, dort ein Bettlädchen erstehen. Ach, lang ist's dann nicht mehr in dem neuen Lager gelegen. Es wurde bald krank und starb.

In blauen Pumphosen, einer mit Spitzen garnierten Frau-entaille – gelbe Stiefel, die ihm viel zu groß waren, an den Füßen, so stand er einmal wieder draußen. »Wenn mi jetzt ebber uf d' Füeß tritt, tuets net weh«, versicherte er mir und guckte ganz profitlich auf seine große Fußbekleidung hinunter. Er war sich zum Glück seiner eigenen urkomi-schen Erscheinung gar nicht bewußt. »Ja so«, fiel ihm plötzlich ein, »en Grueß von meiner Mamme, ond 's Schwesterle sei g'storba. Miar hättet's Ehne so gern scho gestern Obed saga lassa, aber 's ischt erscht heut morga g'storba. Was, wenn des no scho vor a paar Wocha g'storba wär, no wär's no en a Schachtel neiganga.«

Der Tod dieses Kindes war Anlaß zu einer unerhört häßli-chen Szene, in der die ganze Gemütsroheit seines Vaters zu Tag trat. Natürlich war wieder einmal kein Geld im Haus, als die Kosten für den kleinen Sarg und die Leichenfrau be-zahlt werden sollten. Dieser schuldete man vom letztver-storbenen Kind her noch das Geld, weshalb sie darauf drang, daß man ihr's dieses Mal im voraus geben solle. Es gab Streit unter den Eheleuten, in dessen Verlauf der Mann in einem furchtbaren Wutanfall das tote Kind in den Ofen werfen wollte.

Als Frieder mir dieses in seiner bekannten Gemütsruhe wie etwas ganz Selbstverständliches erzählte, überkam mich zum erstenmal der ganze Jammer dieses Kinderle-bens, das in einer solchen Luft groß werden und gedeihen sollte, und ich beschloß, dem armen Bürschlein von nun an mehr zuteil werden zu lassen als den täglichen Wecken.

Im Herbst war das Schwesterlein von seinem ärmlichen Dasein erlöst worden – nun ging's mit großen Schritten in den Winter hinein und Weihnachten zu. Frieder stapfte mit schneeigen Schuhen unsere Treppen herauf und offenbarte mir ganz aus eigenem Antrieb seine Christkindleswünsche, die nicht eben bescheiden waren.

»Gelt, i kriag en Wiegagaul, aber en großa mit rechte Hoor, on en Schnitzlaib mit Feiga drenn, aber au en großa?«

Nun darf ich alljährlich mit verschiedenen meiner kleinen Freunde zu einer Christbescherung kommen, die eine junge Mutter veranstaltet, um ihr eigenes Söhnchen das Geben zu lehren. Bisher waren mir bei der Auswahl neben der Bedürftigkeit auch Bravheit und gute Sitten maßgebend gewesen. Diesmal wollte ich bei letzterem Punkt ein wenig die Augen zudrücken und auch meinen Frieder dazu einladen.

Zur festgesetzten Stunde rückte die kleine Schar mit erwartungsvollen Gesichtern und so festlich als möglich herausgeputzt bei mir an. Peterle, der arme Tropf, der vor zwei Jahren unter einen Sandwagen gekommen war und nun einen Stelzfuß tragen mußte. – Eugenle, das stille, nachdenkliche Kind einer Witwe, bei dem es schien, als wollte es schon jetzt der Mutter schweres Los mittragen helfen. – Hugo mit den kecken Augen und dem drolligen, aufwärts ragenden Näslein – von uns Regennäschen genannt. – Heinerle, Erwin, Paul – und zuletzt, wie immer im malerischsten Aufzug, mein dicker Frieder. Alle standen sie zitternd vor Erwartung mit mir an dem Laternenpfahl, der das Schild der Haltestelle trug. Der trübe Winternachmittag ging langsam in Dämmerung über, und in dem dahersausenden Straßenbahnwagen leuchteten schon die elektrischen Birnen. Das war eine Aufregung, bis wir alle drin waren und eine glückselige Spannung in allen Mienen, als wir nun in dem schönen Wagen dahinfuhren, mit Windeseile dem Wunderland Weihnachten entgegen. Die einen waren ganz still und sahen mit verträumten Augen vor sich hin, bei den andern löste die Freude große Gesprächigkeit aus. Das Stelzfüßle gab sich alle Mühe, den anderen begreiflich zu machen, daß sie eigentlich das Fahren nur ihm zu verdanken hätten, weil er mit seinem hölzernen Fuß nicht so weit und schnell hätte gehen können. Heinerle erzählte mit halblauter Stimme von einem wunderbaren »Schießezle«, das ihm das Christkind in Gestalt seiner Großmama schon jetzt gebracht hatte, Peterle sammelte bei jedem die Fahrscheine ein und tat, als ob er jetzt schon wunder was geschenkt bekommen hätte, und durch den ganzen Wagen ging halblaut so ein Summen der alten Weihnachtsmelodie: »Ihr Kinderlein kommet!« . . .

Und dann waren wir an Ort und Stelle. Wie die Küchlein um ihre Henne krabbelten die kleinen Buben um mich herum; alle konnte ich unmöglich führen – so packten sie eben ringsum mein Kleid, so daß es nur langsam die hohen Stufen des Treppenhauses hinaufging. Je höher wir aber kamen, desto schneller zogen und zerrten sie mich mit; auch das Stelzfüßle wollte nicht zurückbleiben und stolperte recht vernehmlich nach.

Von oben kam uns nun der kleine Gastgeber – wir wollen ihn Rudi nennen – entgegen. Er strahlte ordentlich vor Wichtigkeit und Freude und führte seine Gäste gleich durch den mit süßen Düften durchzogenen Korridor ins hellerleuchtete Wohnzimmer, wo seine Mutter auf uns wartete.

Durch die Kinderschar ging ein staunendes Wispern: »Ah, do isch's schö.« Regennäschen ließ sich auf den Boden nieder und begann den weichen Teppich zu streicheln. Da lachten die andern, und nun war der Bann gebrochen. Glückselig saßen sie im nächsten Augenblick an dem festlichen, weißgedeckten Tisch und hatten jedes eine große dampfende Tasse Schokolade vor sich stehen. Schokolade – dick und schaumig gequirlt und ein riesiges Stück Hefekranz dazu. Welche Wonne! Das Kindergeschwätz verstummte und machte einem recht vernehmlichen Schmatzen Platz. Dazwischen klangen immer wieder langgezogene Laute: ah – m f . . .

Aber trotz dieser allgemeinen Kundgebungen konnte man gerade hier am besten den Unterschied zwischen den einzelnen Kindern sehen. Das Söhnchen der Witwe saß still mit glänzenden Augen an seinem Platz, trank in kleinen Schlückchen seine Schokolade und schob dazwischen hinein fein säuberlich ein Stückchen Kuchen in den Mund. Das Stelzfüßle hatte es eiliger. Es trank, ohne abzusetzen, seine Tasse leer und machte sich jetzt im selben Tempo über den Kuchen her. Aber am gierigsten und ungebärdigsten benahm sich leider mein Frieder. Der stopfte sich sein Stück Hefekranz nur so hinunter. Die Schokolade floß rechts und links an seinen Wangen herab, und kaum hatte er seine Schüssel ausgetrunken, so begehrte er in größter Ungeniertheit eine zweite. »No meh Kaffeeschoklad' ond Hefatlanz«, schrie er mit heiserem Stimmlein über die Köpfe der andern weg. Und so ging's fort, bis er seine sieben Tassen und ebenso viele Portionen Hefekranz im Leib hatte.

Mir war dieser nimmersatte Schützling ohnehin eine Verlegenheit, und ich war froh, als nun ein feines Glöcklein im Nebenzimmer zur Bescherung rief.

Ein Weihnachtslied wurde gesungen, und dann öffnete sich weit die Türe zum Nebenzimmer, wo der strahlende Christbaum sichtbar wurde. Und jetzt ging vor dem reichbesetzten Bescherungstisch der Jubel aufs neue los.

Daß Geben seliger ist als Nehmen, schien sogar schon der kleine Rudi zu empfinden. Er stand mit glänzenden Augen dabei und schleppte zuletzt noch von seinem eigenen Tisch

Sachen herüber. Am liebsten hätte er in seiner glückseligen Stimmung alles weggeschenkt.

Es mußte einen aber auch rühren, die Freude der armen Büblein mitanzusehen.

Regennäschen hüpfte mit beiden Füßen an seinem Platz herum. Er war außer sich vor Glück über eine Schachtel mit Schäfchen, wie er sie sich schon lange gewünscht hatte. Das Stelzfüßle hatte die warmen wollenen Handschuhe angezogen, die es an seinem Platz gefunden und bat dringend, in den Spiegel sehen zu dürfen. Als man ihn dann wirklich aufhob, streckte er seine Hände in die Höhe, um die Handschuhe besser bewundern zu können und sagte befriedigt: »Mi kennt mei Mamme nemme, wenn i heimkomm'.« Das brave Eugenle faltete sein schönes Flanellhemdchen auseinander, hielt's der Länge nach vor sich hin und fragte schüchtern: »Ischt's lang g'nuag für mi?« Erst als man das bejahte, wurde er wirklich froh über sein Geschenk. Er hatte nämlich – wie ich später hörte – kurz vorher von einer Frau ein anderes Hemdchen bekommen und seine Mutter jammern hören, es sei zu klein für ihn.

Peterle ließ die Bewohner seiner Arche Noah aufspazieren und verteilte sie in Gedanken an seine Familie: »Da Esel kriagt 's Menele, da Löb kriagt der Karle, 's Hondle kriagt mei Mamme ond da Noah ond 's Hirschle b'halt i.« – Wo aber bleibt der Frieder? Die Kinder durften jetzt mit Rudis prächtigen Spielsachen spielen; Frieder war nirgends zu sehen. Erst nach einer Weile stellte es sich heraus, daß er inzwischen in einem verborgenen Winkel auf dem Boden gesessen und still und gefräßig sein halbes Gutsleskörble geleert hatte.

Aber das war noch nicht das Schlimmste. Als ich einen Augenblick im Nebenzimmer war, entstand ein kleiner Streit unter den Buben, und nachher erzählten sie mir ganz entsetzt: »Du, dei Armbruster hat so arg gflucht.« Ich hatte gute Lust, mir bei dieser Gelegenheit das besitzanzeigende Fürwort zu verbitten, obwohl »mein« Armbruster sich kleinlaut entschuldigte, er hätte nicht arg, sondern nur ein »bißle« g'flucht. – Zum Schluß wurden wir in ein geheimnisvoll verdunkeltes Zimmer geführt, wo eine Reihe Stühle vor einer weißen Wand standen.

»Schloft mer jetzt?« fragte Frieder zufrieden. Als man ihm erklärte, daß er jetzt auf der weißen Wand allerlei schöne bunte Bilder sehen dürfe, kletterte er auf meinen Schoß, machte sich's da bequem und wartete mit schläfrigen Augen auf die Dinge, die da kommen sollten.

Um so begeisterter waren die andern. Beim ersten Bild ging ein lautes »Ah« durch die Reihe. So etwas Wunderbares hatten sie in ihrem Leben noch nicht gesehen. Gar nicht genug konnten sie kriegen; am liebsten wären sie bis Mitternacht sitzen geblieben.

Als es Zeit wurde zu gehen, erlaubte Rudis Mutter jedem Kind, sich noch einmal sein Lieblingsbild zu bestellen. »Mir d' Soldata, mir 's Schiffle, mir 's Rotkäpple« – so tönte es durcheinander, nur Frieders Stimme war nicht zu vernehmen. In ihrer Güte wendete sich Rudis Mutter noch besonders an ihn.

»Nun, Frieder, was willst denn du?« – »No meh Hefatlanz«, schrie der, ohne sich zu besinnen.

Müde vor lauter Freude zogen wir heim. Daß diese noch lange in den Kinderherzen fortleuchtete, konnte ich bei gelegentlichen Begegnungen deutlich sehen. Als es so gegen Ostern ging, traf ich z.B. einmal das Peterle auf der Straße. »Gelt, Fräule Josaherz, jetzt ganget mer no bald wieder zum Christtag zur Frau Doktor?« begrüßte er mich. Ob der veränderte Name eine Art Kosenamen bedeutete, oder ob Peterle das Wort »Herz« eben aus anderen Zusammensetzungen gewohnt war – sein Vater war Metzger –, weiß ich nicht.

Der Verkehr mit dem dicken Frieder aber ging seinem Ende entgegen. Die neuerliche Geburt eines Schwesterleins zeigte er mir noch an – seine Eltern waren inzwischen in einen anderen Stadtteil gezogen – dann erschien er zum letztenmal zu einem Abschiedsbesuch. »I komm' jetzt zur Verbesserung uffs Land«, meldete er in ruhiger Selbsterkenntnis.

Ja, er hatte allerlei angestellt, der Frieder. Erbetteltes Geld vernascht und Spielsachen drum gekauft und schlimme Reden geführt auf der Gasse – aber wer konnte einen Stein auf ihn werfen, der seine Eltern kannte! Ein Glück, daß man sich um ihn annahm und ihn in geregelte Anstaltserziehung brachte, ehe es zu spät war.

Die Geschichte vom Fröschlein

Warum nur Mamachen seit ein paar Tagen immer Tränen in den Augen hatte und ihn so merkwürdig ansah? – Der kleine Hilmar dachte angestrengt nach. Gar nichts Schlimmes war in der letzten Zeit vorgefallen. Daß er seinem Bählamm das Fell abgezogen hatte, war ja schon furchtbar lange her – und wenn man schon so groß war, wie er, konnte man nicht mehr mit so zahmen Tieren spielen, die dazu noch gar nicht lebendig waren. Besonders eigensinnig war er in letzter Zeit auch nicht gewesen, höchstens Sonntag morgens, wenn er die frischen wollenen Strümpfe anziehen soll, die so schrecklich beißen. Dafür hatte er aber neulich vom Kindergarten ein Lob mitgebracht, worüber Papa und Mama sehr erfreut waren. – Krank war auch niemand. Die Großmama nicht und der Onkel Konrad nicht und der weiße Spitz nicht. – Was in aller Welt konnte es also sein? . . .
Hilmar war heute mittag mit ein paar anderen Buben zu einem Freund eingeladen. Sie bekamen Schokolade zu trinken und durften auf dem ausgezogenen Eßtisch mit Ottos großartig dicken und starken Bleisoldaten spielen. Aber mitten in den gefährlichsten Gefechten war Hilmar mit seinen Gedanken zu Hause. Was wohl sein Mamachen jetzt machte? Erst als Otto nachher unter allerlei geheimnisvollen Andeutungen versprach, ihnen jetzt etwas ganz Feines zu zeigen, war er wieder bei der Sache. Es war aber auch ganz richtig: so was »Feines« hatten sie nicht leicht gesehen. In Ottos Schlafzimmerchen stand auf einem Tisch ein ganz kleines gläsernes Häuschen. Das war halb

mit Wasser gefüllt, und aus dem Wasser führte ein blitzendes Treppchen herauf. Auf dem Treppchen aber saß – grün wie Gras und mit sonderbaren kugeligen Äuglein – ein richtiger lebendiger Laubfrosch. Denn daß er lebendig war, bewies er sogleich durch einen mächtigen Plumps, den er bei ihrem Erscheinen ins Wasser machte. Nein so etwas! Mucken konnte er fressen, soviel man wollte; bei schönem Wetter saß er auf dem Treppchen, und wenn's regnen wollte, hüpfte er ins Wasser. Hilmar kam aus dem Staunen gar nicht heraus.

Inzwischen saß seine Mama zu Hause an ihrem Nähtisch und besserte ihres Söhnleins Hauskleidchen aus. Recht liebevoll und sorgfältig, wie alles, was sie für ihr einziges Kind tat. Hoffentlich war er recht vergnügt heute mittag; ach, spätestens morgen mußte sie ihm sagen, was sie nun als stille Sorge schon eine Woche mit sich herumgetragen hatte. Es war ihr aufgefallen, wie laut und heftig Hilmar atmete und wie er des Winters seinen Schnupfen gar nicht mehr loswerden konnte. Nun hatte neulich ihr Hausarzt festgestellt, daß ein großer Polyp in seinem Näschen saß, der unbedingt herausmüsse. Unglücklicherweise war die Untersuchung ziemlich schmerzhaft gewesen, so daß der Kleine seither ein wahres Grauen vor dem bösen Onkel Doktor hatte. Wie sollte sie's Hilmar nun beibringen? Er würde sich ja fügen und ihr versprechen, brav und tapfer zu sein, aber das Mutterherz fühlte schon im voraus in tausend Schmerzen alle Ängste des Kindes mit . . .

Es wurde dunkel.

Die Uhr im Zimmer holte langsam zu sechs tiefen Schlägen aus. Schon so spät? Jetzt mußte Hilmar jeden Augenblick kommen. Da läutete es auch schon an der Glastüre, und gleich darauf kam der Junge mit hochroten Bäckchen hereingestürzt.

»O Mama, denk' nur!« Er sagte gar nicht erst guten

Abend, sondern war gleich mitten im Erzählen. Natürlich von nichts anderem als vom Fröschlein. Die Mama hatte gar nicht gewußt, was für ein überaus wunderbares Tier so ein Laubfrosch war. Hilmar saß zu ihren Füßen auf dem Tritt, auf dem der Nähtisch stand und sah sie von unten herauf so recht flehend an: »Mamale, bitte, bitte, weißt du nicht, wo man so ein Fröschlein herbekommen kann?« – Da kam ihr plötzlich ein komischer Gedanke. War nicht hier ein Weg, dem Kind die Angst vor dem Arzt zu nehmen? »Ja, ich weiß, wo ein Fröschlein ist« – sagte sie und strich ihm zärtlich die blonden Locken aus der Stirn. »Da in deinem Näschen sitzt so ein Ding und wartet, bis es herausgenommen wird.« Hilmar war einen Augenblick starr vor Staunen, machte dann aber sogleich Anstalt, das Fröschlein herunterzuholen. »Laß'«, sagte die Mama, »das kannst du nicht.« – Da streckte er ihr bittend sein Köpfchen entgegen, sie möchte es doch herunterholen und war bitter enttäuscht, daß sie's nicht konnte. Wer kann's denn sonst? – Der Papa? – Nein. – Der Onkel Konrad? – Nein. – Großmama? Als das Frage- und Antwortspiel so eine Weile fortgegangen war, und es endlich herauskam, daß der Onkel Doktor mit seinen geschickten Häkchen am besten das Fröschlein herunterholen könnte, wollte Hilmar sofort nach Hut und Mantel greifen, um zu ihm zu gehen. Beide Eltern hatten nur zu tun, ihn auf morgen zu vertrösten.

Am anderen Vormittag setzte er die nicht wenig erstaunten Hausleute und seine Kameraden auf der Straße in Kenntnis, was für ein Glück heute um 11 Uhr auf ihn wartete. – Ganz unbegreiflich war's ihm nur, daß sein Mamachen schon wieder Tränen in den Augen hatte. Wo er ihr doch demnächst ein Fröschlein heimbringen wird!

Sie stand am Fenster und schaute hinunter, wie Hilmar in seinem Matrosenanzug stolz an der Hand des Vaters auf die Straßenbahn wartete. Er rief etwas herauf – sie konnte aber nicht verstehen, was es war. Da machte er sich plötzlich los und rannte wie ein Wirbelwind ins Haus zurück und die Treppen herauf. »Mama, Mama«, schrie er, »schnell meine Botanisierkapsel, daß ich 's Fröschle heimbringen kann.« Die Mutter holte die Kapsel und hing sie ihm um den Hals – dann aber ging sie schnell ins Zimmer, weil sie ihre Tränen nicht mehr zurückhalten konnte.

Das war eine lange und bange Stunde, bis endlich gegen 1 Uhr unten ein Wagen vorfuhr, und der Vater mit seinem bleichen Büblein auf dem Arm ins Zimmer trat.

Hilmar war halb im Schlaf; traurig hing die leere Botanisierkapsel, deren Deckel halb offen stand, an ihm herunter. Man brachte ihn ins Schlafzimmer, wo sein Bettchen schon für ihn bereit stand und fing an, ihn auszukleiden. Er ließ teilnahmslos alles geschehen. Erst, als man ihm die grüne Kapsel abnahm, sah er seine Mama mit einem traurigen und vorwurfsvollen Blick an. Dann sank er – warm in seine weißen Kissen gebettet – in einen tiefen Schlaf.

Erst, als es schon gegen Abend ging, begann sich's in dem kleinen Bettchen zu regen. Hilmar rieb seine verschlafenen Äuglein und besann sich, was eigentlich mit ihm geschehen war. Papa und Mama standen an seinem Bett und schauten ihn liebevoll an. Plötzlich rann ihm eine schwere Träne das Bäcklein hinunter, und er fragte kläglich: »Wo ist denn mein Fröschle?« Da lachten Papa und Mama und zeigten auf ein Tischlein, das man an sein Bett geschoben hatte. Drauf stand ein blühendes Blumenstöckchen und daneben das Glashäuschen mit dem Treppchen und dem grünen Fröschlein darauf – ganz wie bei Otto. Hilmars bleiche Bäckchen röteten sich vor Freude.

Vergessen war die Enttäuschung vom Morgen, wo 's eben gar nicht so einfach beim Onkel Doktor gegangen war, wie er sich gedacht hatte und wo 's ihm so sonderbar schlecht geworden war. Nun hatte er doch sein Fröschlein. – Der

Papa fing gleich eine große Mücke, die am Fenster herumspazierte, und Hilmar durfte sie ihm selber geben...

Darüber ist jetzt schon eine lange Zeit hingegangen. Das Fröschlein lebt zwar noch und ist bei den vielen Mucken, die ihm sein kleiner Herr täglich fing, dick und fett geworden – aber Hilmar ist ein großer Bub, der längst in die Schule geht und recht mitleidig lächelt, wenn man ihm die Geschichte vom Fröschlein erzählt...

Ein Kinderherz

Eines Abends, kurz nach Weihnachten, befand ich mich auf dem Heimweg von einer Kaffeegesellschaft, in der die Rede davon gewesen war, wie verschieden die Christbescherung auf die einzelnen Kinder wirke. Von einem verwöhnten Prinzeßchen war erzählt worden, dem zärtliche Elternliebe eine wahre Weihnachtsausstellung zum Heiligen Abend aufgebaut hatte und das trotzig und unzufrieden davor gestanden sei, weil seine Puppe keine echten Augenwimpern, wie die der Freundinnen, aufgewiesen hätte.

Daran mußte ich denken, als ich an dem kalten Abend durch einen der ärmeren Stadtteile nach Hause ging. Ich hatte in einem der kahlen Häuser etwas zu besorgen und stand auf der Suche nach einer fremden Adresse unversehens in einem ärmlichen Stübchen, in dem eine bei der Lampe flickende Frau mir freundlich Auskunft gab. Schon wollte ich wieder gehen, als mich der fröhliche Laut eines Kinderstimmchens, das aus einer dunklen Ecke kam, zurückhielt. Dort saß das ungefähr zweijährige Töchterchen der Frau jauchzend in seinem Bettchen. Immer von Zeit zu Zeit drückte es ein Etwas, das ich zunächst noch nicht erkennen konnte, voll Inbrunst an das Herzchen, küßte es und suchte ihm auf alle Weise seine Liebe zu zeigen. Als ich näher kam, entpuppte sich der also geliebte Gegenstand als ein abgebrochener Rührlöffel, der mit ein paar Fetzlein umwickelt war. »Hast du aber ein liebes Püpple«, sagte ich und hatte Mühe, meine Rührung zu verbergen. Da strahlten mich die blauen Kinderaugen glückselig an.

»Wie heißt du denn?« fragte ich. »Hickele«, antwortete

das Kind. »Und 's Dockele?« »Au Hickele.« – Demnach war die Kleine mit ihrem Namen zufrieden, und ich freute mich ebenfalls, nach den vielen Elsen, Hildegarden und Anneliesen auch einmal einem Rickele zu begegnen.

Der Jubel mit der »Puppe« wurde immer größer. Der Rührlöffel durfte hüpfen und tanzen, sogar den Schnuller bekam er zum Probieren . . . Und das andere Kind hatte den Weihnachtsabend vertrutzt, weil seine Puppe keine echten Augenwimpern besaß!

In weit fröhlicherer Stimmung verließ ich nun selbst das Haus und nahm mir vor, die neue Bekanntschaft mit dem rührenden »Hickele« recht zu pflegen. Leider ist's nicht dazu gekommen, und wenn ich jetzt – nachdem schon wieder eine Reihe von Jahren darüber hingegangen sind – an Rickele zurückdenke, so kann ich mich im ganzen nur einer dreimaligen Begegnung mit ihm erinnern.

Rickeles Vater war am Schlachthaus angestellt und hatte einen bescheidenen, aber für seine und seiner Frau geringe Ansprüche ausreichenden Verdienst. Mann und Frau verstanden einander gut, und beide hatten ihre Herzensfreude an dem lieblichen und aufgeweckten Wesen ihres Töchterchens. Aber dieses glückliche Familienleben, das in letzter Zeit noch durch die Hoffnung auf die Geburt eines zweiten Kindes verschönt worden war, sollte kurz nach meinem zufälligen Besuch auf schreckliche Weise zerstört werden.

Zweimal in der Woche hatte der Mann Nachtdienst zu tun. Dabei sprang er einmal zu früh und ungeschickt von dem Wagen herunter, den er hergeführt hatte, kam unter die Räder und wurde zu Tod gedrückt.

Vergeblich wartete die Frau am andern Morgen auf ihren Mann; die Schritte, die endlich die knarrende kleine Stiege heraufkamen, klangen ganz anders als die seinen. Von böser Ahnung gepackt, stürzte sie hinaus . . . der Unglücksbotschaft entgegen.

Acht Tage, nachdem man den Mann hinausgetragen hatte, betrat ich zum zweitenmal die Wohnung der Frau. In stummem Schmerz saß sie untätig am Tisch, Rickele ängstlich neben ihr. Erst nach einer Weile – als sie mir den Hergang des Unglücks erzählte – kamen ihr die Tränen. Wie das kleine Kind die Mutter weinen sieht, steigt's an ihr hinauf und trocknet mit seinem Sacktüchlein unaufhörlich die rinnenden Tränen. Weil sie aber nicht zu trocknen sind, läuft's zur Türe und ruft, so laut es vermag: »Papa, Papa!« ... Dann nimmt's das Püpple, das ich ihm mitgebracht habe, legt's der Mutter in den Schoß und sagt: »Mamme sei Dockele« ...

Beinahe mehr noch als der Mutter Tränen rührte mich des Kindes Tun. Nie hätte ich gedacht, daß ein so kleines Kind dieses Mitleids fähig wäre.

Später erzählte mir Frau Sch., daß Rickele auch in der Nacht öfters aufgewacht sei, und ängstlich mit seinen kleinen Händen nach ihren Augen getastet hätte – ob sie nicht naß seien.

Armes Rickele! War noch so klein und mußte schon diesen großen Schmerz miterleben!

Die Notwendigkeit, sich nach Arbeit umzusehen, bewahrte seine Mutter vor der Gefahr, sich völlig in ihr Leid zu vergraben.

Als nach zwei Monaten ein Büblein zur Welt kam, brach freilich der Jammer wieder in seiner ganzen Schwere über die arme Frau herein. Rickele aber war im höchsten Glück über das Brüderle und wich nicht mehr von seinem Bettchen. »Ludwigele« mußte man's heißen; das war der Name eines von ihr sehr geliebten Nachbarkindes.

Im Kinderschüle war's, wo ich meinem Rickele nach einiger Zeit zum drittenmal begegnete. Es war der erste eines Monats, an dem gewöhnlich die neuangemeldeten Kinder zu kommen pflegen, wobei es meist einige kleine Zwischenfälle gibt. Ich war eben zur Pause gekommen, und solange das mitgebrachte Vesper vorhielt, blieben auch die Neuen musterhaft still. Dann aber ging bei einem der Buben der Jammer des Heimwehs los. Die Lehrerin zeigte ihm alle Schätze, die das Kinderschüle aufzuweisen hatte – nichts half. »Hoem will e«, schrie er verzweifelt und legte sich strampelnd auf den Boden. Es blieb nichts übrig, als ihn unter sicherer Begleitung wieder fortzuschicken. Eben, als dieser Held den Schauplatz verließ, fiel mein Blick auf das kleine Rickele. Meine Güte! Auch ihm liefen heiße Tränlein die Wange herab, und als wir uns nach deren Grund erkundigten, kam es schluchzend heraus: »I möcht' au heim, i weiß nemme, wie mei Mamme aussieht.«

Ich mußte damals für längere Zeit verreisen, und als ich wiederkam, war Frau Sch. aus ihrer alten Wohnung ausgezogen. So kam's, daß sie längere Zeit aus meinem Gesichtskreis entschwunden war. Es mochten zwei Jahre vergangen sein, da sah ich eines Tags in einem fremden Haus das mir bekannte Namensschildle aus rotem Leder, und gleich darauf stand ich bei Frau Sch. in der Stube. Da waren wieder die bekannten einfachen Möbel; an der Wand hing Rickeles Hut und Vespertäschchen.
»Wie geht's Ihrem Töchterchen?« war meine erste Frage.
»Dem geht's gut«, sagte die Mutter ernst, aber gefaßt. »Das ist im Himmel.«
Und dann erzählte sie mir die ergreifende Geschichte von Rickeles Tod.
Der Tag des Schillerfests war's. Die Häuser hingen voll mit Kränzen und Girlanden, Fahnen flatterten, und festlich geputzte Menschen durcheilten die Straßen.
Rickele sah mit dem kleinen Bruder sehnsüchtig zum Fenster hinaus. Ludwigele war noch zu klein. Der konnte nicht

verstehen, was vor sich ging. Aber Rickele wäre zu gerne hinausgegangen, um alle die Herrlichkeiten aus der Nähe zu sehen. Die Mutter erlaubt's nach einigem Zögern. Sie weiß, ihr Kind ist klug und vorsichtig; man muß ihm das Vergnügen gönnen.

Der Festzug geht vorüber, festliche Musik tönt herauf, und einen Augenblick erscheint Rickeles liebes Köpfchen, von einer Efeugirlande umwunden, strahlend an der Türe. »Mamme, kennst me no, Brüderle, kennst me no?« ruft es begeistert. »I ben a Schillerjungfer.« . . . Dann ist's wieder verschwunden.

»Ich will em Brüderle au e Kränzle hola«, ruft's noch von unten herauf.

Die Mutter ist beruhigt und freut sich, daß das Kind einen solchen Festtag hat.

Da – kaum ist eine halbe Stunde vorbei – kommen wieder Schritte die Treppe herauf – schwer, langsam, wie damals an dem furchtbaren Unglückstag, und ein paar Augenblicke nachher steht sie fassungslos vor dem kleinen Bett, auf das man ihr bleiches, bewußtloses Kind niedergelegt hat. Beim Suchen nach einem Kränzle fürs Brüderlein war's unter einen Bierwagen gekommen, der schwer über das zarte Körperchen hinwegging.

Der herbeigerufene Arzt rät zur sofortigen Überführung ins Krankenhaus.

Da fährt die Mutter nun mit ihrem Kind durch die fröhlich geschmückte Stadt.

Unterwegs wacht Rickele auf und tröstet die Weinende: »Net weine, Mammele, guck' doch die schöne Häuser an; mir tut nix weh.«

Bis spät am Abend ist sie bei Rickele geblieben. Das Kind ist ruhig gewesen und hat über nichts geklagt, und weil die Schwester ihr zugeredet hat, ist sie schließlich heimgegangen, um nach ihrem Büblein zu sehen.

Aber in der gleichen Nacht ist das liebe Kind sanft entschlafen. Das Herzlein noch voll von festlicher Freude – unberührt vom Häßlichen und Bösen dieser Welt – durfte es lächelnd einziehen in sein Vaterhaus.

Der kleine Zuckerbäcker

Meister spricht zum kleinen Hans:
»Nimm den großen Kuchen,
Trag ihn flugs zu Onkel Franz!«
»Kannst ihn tragen?« »Ja, ich kann's«,
Sagt da schnell der kleine Hans,
»Will es mal versuchen.«

Und schon ist er vor dem Haus
Mit dem schweren Kuchen.
Weh, grad ist die Schule aus;
Karl und Emil stürmen raus,
Rufen: »O, das gibt 'nen Schmaus,
Laß uns mal versuchen!«

Hänschen sagt: »Das darf ich nicht,
Laßt mir meinen Kuchen!«
Aber Karl, der kleine Wicht,
Ballt den Schnee zur Kugel dicht:
»Wart, ich treff dich ins Gesicht!
Soll ich mal versuchen?«

»Was den armen Emil zu Ansehen brachte . . .«

Hochbeglückt meldete uns Schreiner Schnepf eines Tags die Geburt seines ersten Kindes: »Send Se no so frei ond kommet Se recht bald ond gucket Se sich's a. Se werdet sehe, was des für a nett's Format hot . . .«

Leider durfte er selbst sich nur kurze Zeit an dem netten »Format« erfreuen; eine böse Lungenentzündung raffte ihn weg, ehe sein kleiner Sohn das erste Wort sprechen konnte.

Die betrübte Witwe konnte nicht lange ihrer Trauer nachhängen; es galt nun, die Hände zu rühren, um ihr und ihres Kindes Leben zu fristen. Zum Glück stand ihr eine Verwandte zur Seite, eine treue alte Tante, die einst Mutterstelle an ihr vertreten hatte und bei ihrer Heirat ins gleiche Haus gezogen war. Die gute Seele schaffte trotz ihrer siebzig Jahre noch wie eine Junge. Sie hatte ein kleines gebücktes Gestältchen und einen großen Kropf – aber aus ihrem Gesicht sprach soviel Herzensgüte, daß es fast schön zu nennen war. Von früh bis spät saßen nun beide beieinander und nähten, und jeden Tag trugen sie einen hochgestapelten Berg von Wollwäsche ab, die ihnen von der Fabrik zum Ausfertigen übergeben war. Was sie sich tagsüber an Erholung gönnten, das war nur zwischenhinein ein Blick auf den kleinen Emil, der auf dem Boden saß und voller Freude mit ihren Stoffabfällen spielte. Er war gesund und rotbackig, und überhaupt ein lebhaftes und gedeihendes Kind, ohne daß die Wohlgestalt, die einst seinen Vater entzückt hatte, besonders an ihm hervorgetreten wäre.

Umgeben von Liebe und bestmöglicher Pflege wuchs er heran. Die Zeit des Schuleintritts rückte näher und wurde von allen dreien mit Spannung und allerlei Hoffnungen erwartet. Mutter und Tante sahen darin die erste Sprosse der Leiter, auf der ihr Emil mit Sicherheit zu allem möglichen Hohen und Großen emporsteigen werde, denn so lieb und gescheit wie ihn gab's natürlich keinen Buben mehr. Emil dagegen stellte sich die Schule als höchst ergötzlichen Aufenthalt mit vielen Kindern vor und hatte keine Ahnung, daß es auf der Welt auch Menschen geben könnte, die nicht ganz so sanft und zärtlich und nachgiebig wären wie Mutter und Tante.

Und so wurden sie denn alle drei gründlich enttäuscht. Die beiden Frauen, die mit Schrecken merken mußten, daß Emil ganz und gar nicht das große Licht war, für das sie ihn gehalten hatten, und Emil, der sich unter den vielen verschiedenartigen Kindern, von denen jedes seinen ganz ausgeprägten kleinen Willen hatte, gar nicht wohl fühlte. Die übergroße Sorgfalt und Abgeschlossenheit, in der er erzogen worden war, kam ihm nun nicht zu statten. Er war anders als andere Kinder, und die alte Erfahrung, daß unreife Geschöpfe alles Andersartige beargwöhnen und verfolgen, machte sich auch hier wieder geltend. Emils Schulkameraden hänselten ihn, wo sie nur konnten, und gerade, weil er sich davor fürchtete und nicht zurückzugeben wagte, hatte er's ganz mit ihnen verspielt.

Er wurde immer scheuer, und die Schule war ihm allmählich eine wahre Qual. Mutter und Tante litten alle seine Schmerzen doppelt und dreifach mit und sannen hin und her, wie dem Unheil abzuhelfen wäre. Wenn sie zum Lehrer gingen? – Aber dann wurde Emil als »Angeber« vielleicht noch grimmiger gehaßt. – Oder wenn sie fortzögen aus der Stadt? Die Bauernkinder draußen auf dem Land waren gewiß nicht so bösartig wie die frühreifen Stadtbürschchen. – Aber wo dann den Verdienst hernehmen? So sorgten und mühten sie sich miteinander ab; besonders die gute Tante kam immer wieder auf neue Pläne, die sich aber jedesmal als unmöglich herausstellten. Auf den Knien würde sie die bösen Buben um ihres Lieblings Schonung angefleht haben, wenn sie sich den geringsten Erfolg versprochen hätte.

Wieder einmal ging Emil mit schwerem Herzen zur Schule. Gestern war ein schrecklicher Tag gewesen, an dem sie über ihn hergefallen waren und ihn verhauen hatten. Was würde er heute erleben?

... Schreiben und Rechnen und auch die Pause gingen ohne Gefahr vorüber. Nun kam der Anschauungsunterricht, den alle besonders gern hatten. Von allerlei bekannten Vögeln sprach der Lehrer, von den Spatzen und Raben und den Tauben. Besonders die Taubenbilder, die er ihnen zeigte, interessierten die Kinder. Da gab's schöne weiße mit roten Schnäbeln, die so sonderbar gurrten. Der Lehrer machte es ihnen vor. Und Brieftauben, die mit einem Briefchen im Schnabel von weither geflogen kamen – und dann noch eine besondere Art mit Federbüschelchen und dicken Hälsen: »Kropftauben« heiße man die, sagte der Lehrer. Ob sie auch schon einmal an einem Menschen so einen Kropf gesehen hätten? Nur Schnepf und Halbgewachs streckten stolz die Hände in die Höhe, und Emil berichtete hoch errötend, daß sogar seine eigene Tante einen besitze. Alle Köpfe drehten sich bewundernd nach seinem Platz, als er diese interessante Mitteilung machte, und nach der Schule – o Wunder – umdrängten und bestürmten sie ihn, sie wollten den Kropf seiner Tante sehen.

Wer war stolzer als Emil! Durch Straßen und Gassen zog er mit seiner dreißigköpfigen Kameradschaft; keiner tat ihm was zuleid, alle sprachen höflich und freundlich mit ihm; er war der Führer.

Und nun standen sie vor dem Haus, in dessen letztem Stockwerk Mutter und Tante mit dem bescheidenen Mittagsmahl auf ihn warteten. Emil besann sich nicht lange. An der Spitze der Klasse stürmte er die Treppen hinauf, und als oben die Tante, zu Tod erschrocken, herausstürzte, schrie er ihr triumphierend entgegen: »Tante, schnell, sie wollen deinen Kropf sehen!« . . .

Die gute alte Tante! Als sie sich von dem ersten Schrecken erholt hatte, kam sie willfährig Emils Verlangen nach, überglücklich, daß sie etwas hatte, womit sie seine Feinde versöhnen konnte.

Staunend standen sie da und beschauten das seltsame Naturwunder. Einige der beherzteren zeigten Lust, den Hals auch zu betasten, ob er auch »echt« sei. Die gute alte Tante ließ es geschehen.

Außer dem Kropf war dann bei Schnepfs noch ein gezähmter Kanarienvogel zu sehen. Da konnte auch das härteste Bubenherz nicht widerstehen.

Von Stund' an galt es als Ehre, Emils Freund zu heißen.

⌘

Mädes Kinderzeit

Sonn' geht auf und geht zur Ruh,
Mäde schlummert immerzu,
Weiß noch nicht, was um sie her
Für ein buntes Leben wär' . . .

Aber wenn sie jetzt erwacht,
Was sie dann für Augen macht:
Rund und groß und hell und froh,
Traurig auch und so und so . . . :

Voll war halt von Freud und Leid
Unserer Mäde Kinderzeit.

1. Ein Herzeleid

Weihnachten war wieder einmal vorübergezogen mit Lich-
terglanz und Tannenduft; nun näherte man sich schon be-
denklich der langen Reihe der Werktage, in denen kein
Weihnachtszauber mehr zu spüren war. Die geputzten
Christbäume standen wohl noch in den guten Stuben, aber
ihre dürren Nadeln fielen langsam auf die Puppenstuben
und Ritterburgen herunter. Leer standen die vielen schönen Gutslesteller auf dem langen weißverhangenen Tisch,
und auch die Geschenke lagen nur noch unvollständig und
unordentlich herum.
»Heut' muß endlich aufgeräumt werden«, sagte die junge

Mama, die eben ins Zimmer trat und fing eifrig an, den Baum abzuleeren. Sie sah nicht, daß hinter dem kalten Ofen in der Ecke ihr kleines Töchterchen saß und ihr angstvoll zuschaute. Nun nahm sie die langen, glitzernden Eiszapfen weg, nun die Tannenzapfen, die man aufmachen konnte, und in denen die guten Schokolädchen gewesen waren, jetzt die Glaskugeln – ach, und den Stern; auf den Stuhl mußte sie steigen, um ihn herunterzuholen. Das Kind sah zu, und bei jedem Stück der Weihnachtsherrlichkeit, das in der öden großen Kiste verschwand, legte sich der Kummer schwerer auf sein kleines Herz. Schließlich schlich es leise hinaus. Übers Jahr, hatte Mama gesagt, käme ja alles wieder – ja aber, was war das: ein Jahr. Eine schrecklich lange Reihe von Tagen und Nächten, so lang, daß man es gar nicht ausdenken konnte. Nein, Weihnachten war vorbei – das kam nicht wieder.

Traurig ging der Tag vorbei. Die Mama wunderte sich, was ihr sonst so fröhliches Kind bedrücke und fragte es lieb und zärtlich aus, als sie es zu Bett brachte. Die Kleine sagte kein Wort, aber mitten in der Nacht wachen Papa und Mama an einem jammervollen Weinen in dem kleinen Bettchen auf. Erschrocken beugt sich Mama über ihr Kindchen: Liebling, was ist, warum weinst du denn? Da kommt die Trauer um die vergangene Weihnachtsherrlichkeit stoßweise in der jämmerlichen Klage zum Ausbruch: »Wega mir gar keine Gutse mehr habet.« – Mama tröstet, so gut sie kann: Wir backen wieder, Liebling; ganz gewiß. Halb ungläubig, aber schon etwas getröstet, tönt's aus dem Bettchen: Springerle? Ja freilich. – Lebkuche? Jawohl. – Zimtstern? . . . Auf das schließlich versiegen die Tränen. Mäde legt sich aufs Ohr und halb im Schlaf und schon wieder voller Hoffnung tönt's noch einmal: »Und Betzele . . .«

2. Der Geburtstag

Mäde blieb staunend unter der Türe stehen. Auf dem Früh-
stückstisch stand ein großer Kuchen, und über die Kom-
mode in der Ecke war ein weißes Tuch gebreitet; allerlei
schöne Sachen lagen darauf, und in der Mitte brannten
zwei rote Lichtlein. Nein so etwas! Mäde kam langsam näher und wagte zuerst gar nicht, die schönen Dinge in die
Hand zu nehmen. Aber Papa und Mama sagten, das gehöre
alles ihr. Da griff sie zuerst nach einem kleinen roten Ko-
rallenschnürchen, kletterte auf einen Stuhl vor dem Spiegel und sagte, es um das Hälschen haltend, sehr wohlgefäl-
lig: »Tude nett Mäde!« Dann bekam sie ihre Milch und ein
großes Stück Kuchen. Das konnte sie aber gar nicht zu
Ende essen, denn schon kamen Besuche zum Gratulieren,
Tanten und Onkel.
Tante Sofie brachte ein kleines Blumentischchen. Das war
voll mit blühenden Tulpen und Hyazinthen. »Aber gelt,
Mäde, die Blümlein tust schön pflegen«, sagte sie. Die
nickte ernsthaft mit dem Kopf, und kaum hatten die Gäste
das Zimmer verlassen, als sie ihre Puppe Olga aus dem
Bettchen nahm und dafür ein Tulpenstöckchen hinein-
legte, es zärtlich zudeckend. Kathrine mußte die Bettfla-
sche mit heißem Wasser füllen und Mäde machte alle An-
stalt, ihren Stöckchen abwechslungsweise die gleiche
»Pflege« zukommen zu lassen.
Aber das Hauptereignis des Tages stand erst noch bevor.
Nachmittags durfte Tude ihre erste »Vivit« halten. Sie
konnte sich zwar nicht so recht vorstellen, was das sei,
freute sich aber ungeheuer darauf. Auf dem Schrank in
Mamas Zimmer stand eine rosafarbene glänzende Torte.
Die schaute sie von Zeit zu Zeit sinnend an.
Nach dem Mittagessen wurde der Tisch mit Mamas blauen
Tassen und Gugelhopf und Brezelchen gedeckt. Mäde

stand mit dem Finger im Mund dabei und erkundigte sich, wie wohl die Verteilung all' dieser guten Sachen vor sich gehen werde. »Du bekommst immer zuletzt«, sagte die Mama, »das gehört sich so.« »Aber viel«, fügte sie bei, als sie einen bedenklichen Zug in Mädes Gesicht sah.

Um drei Uhr sollten die Gäste kommen. Aber schon eine Stunde vorher saß Mäde erwartungsvoll in ihrem hohen Stühlchen, und als die kleinen Mädchen festlich geschmückt zur Türe hereinkamen, schwang sie ihren Löffel und rief mit einem Blick auf die Leckerbissen des Tisches: »Mäde kiegt von allem suletzt, aber am meisten!«

3. Brüderlein und Schwesterlein

Mäde hat ein Brüderlein bekommen. Glückselig tanzt sie im Zimmer herum. Vergessen liegt die geliebte Olga am Boden, das Brüderlein nimmt jetzt ihr ganzes Denken ein.

Drüben in dem weißen Bettchen liegt's und schläft, und damit's nicht aufwacht, bringt man Mäde heute zur lieben Großmama. Da geht sie sehr gern hin. Bei Großmama darf sie alles tun, was sie will. Heut' gelüstet's sie auf einmal, in der schön aufgeräumten Stube, wo überall weiße Deckchen auf den Möbeln liegen, Wasser zu patschen. Richtig, die gute Großmama erlaubt's, und Mäde patscht nach Herzenslust in dem hereingestellten Wasserkübel herum. Natürlich wird sie pudelnaß, und als sie ihr schönes rotes Kleidchen so verändert sieht, sagt sie vorwurfsvoll zu Großmama: »Warum wehrst du mir auch dar nicht?«

Nun wird das Kleidchen getrocknet, Mäde ist gleich wieder guten Muts, klettert auf einen Stuhl am Tisch und sagt: »So, letzt bin i so wrei und eß' a Honigbrot zu mei'm Faffee.« Großmama hat zwar längst Kaffee getrunken, und

Honig ist gar keiner im Haus. Aber wie könnte sie Mädes Wunsch abschlagen? In einer halben Stunde schon läßt sich die das gewünschte Vesper schmecken.

In der Nacht wacht sie ein wenig unwillig an Kinderge-schrei auf. Einen Augenblick besinnt sie sich, dann hört man schon wieder aus halbem Schlaf ein geflüstertes: La so (ja so) . . .

Aber trotz dieser Seufzer liebt sie das Brüderlein sehr und nimmt zärtlichen Abschied, als man sie andern Tags wieder fortbringt. Diesmal geht's zu den lieben Tanten, wo die Sa-chen ähnlich liegen wie bei der Großmama.

Mit dem Eintritt ins Zimmer beginnt auch sofort Mädes Herrschaft. »Däf i dös Buch reihola, wo i net reihole däf«, fragt sie und bringt's auch richtig fertig, wieder einmal mit Gruseln das schauerliche Bilderbuch von den bösen Heiden ansehen zu dürfen. Dazwischenhinein knabbert sie eifrig an den Gutsle, welche die lieben Tanten noch von Weih-nachten übrig haben.

Wie's kommt, daß sie am nächsten Tag fieberkrank im Bettchen neben dem der Mama liegt, weiß man sich nicht recht zu erklären und besinnt sich an allem möglichen herum. Auch die Tanten kommen und stehen kopfschüt-telnd an Mäde's Lager. »Bei uns hat sie sich gewiß nicht er-kältet«, versichern sie der ängstlichen Mama. Da richtet sich der kleine Patient plötzlich auf, legt das Gesicht in ern-ste Falten und sagt zum Schrecken der Mama mit Strenge: »Lawohl hab i mi bei euch vikältet – mit eure altbachene Gutse!«

Brüderlein wackelt nun schon im Zimmer herum und folgt Mäde auf Schritt und Tritt. »Komm Kind!« sagt diese müt-terlich und führt ihn liebevoll in das Reich ihrer Puppen und Spielsachen ein. Dafür fühlt sich Brüderlein aber auch für alle diese Herrlichkeiten verantwortlich. Sobald irgend ein ihm unbekannter Mensch das Kinderzimmer betritt,

stellt er sich mit ausgebreiteten Ärmlein davor und sagt:
»De meine Mäde dhören.«

Auf nächsten Sonntag ist ein Besuch in Nills Tiergarten geplant. Darauf freuen sich beide unendlich.

Zum Unglück ist's der erste kalte Tag, und man zieht ihnen ihre wollenen Winterstrümpfe an, die schrecklich beißen. So ist's namentlich Mäde nicht allzu rosig zu Mut, als man aufbricht.

Ehe man durch das verheißungsvolle Tor hineingeht, muß man am Pförtnerhäuschen Karten lösen. Ein alter bärbeißig aussehender Mann am Schalter nimmt brummend Mamas Geldstücke in Empfang. Auf einmal fühlt sich Mama am Rock gehalten – »ja, was ist denn das?« Über Brüderleins Gesichtchen laufen dicke Tränen und Mäde flüstert ihr zitternd zu, sie wollten lieber heimgehen und nicht auch noch die »andern« wilden Tiere ansehen!

Sie stehen am Zwinger und schauen den drolligen Sprüngen der alten Bären zu. Schwesterlein und Brüderlein halten sich krampfhaft an der Hand. Mäde kommt sich gar nimmer erwachsen vor, und als plötzlich der Tiger im nächsten Käfig ein lautes Gebrüll ertönen läßt, ist sie die erste, die jämmerlich zu weinen anfängt. Mama weiß sich nicht anders zu helfen, als schleunigst mit ihren beiden Angsthäslein die Flucht zu ergreifen.

In der Nacht aber hat Mäde einen furchtbaren Traum. Der schreckliche Tiger kommt, und sie – Mäde – muß ihm wollene Strümpfe anziehen, während er mit blutunterlaufenen Augen und zähnefletschend vor ihr steht. »Weißt, auch noch vier«, erzählt sie schaudernd der auf ihr Geschrei herbeieilenden Mama.

Um diese Zeit muß Papa auf längere Zeit verreisen. Den Kindern fehlt wohl in den ersten Tagen etwas, aber dann denken sie nimmer dran, und als Papa gelegentlich fragt, ob Mäde und Bubi auch Heimweh nach ihm hätten, muß man das der Wahrheit gemäß verneinen. Dann könne er ihnen aber nichts mitbringen von der Reise, schreibt Papa darauf.

Als Mama den beiden im Kinderzimmer diesen Auftrag ausrichtet, sind sie eine Weile ganz still. Mäde ist rot geworden und fährt fort, ihrer »Olga« mit dem Frisierkamm unbarmherzig die Haare auszureißen. Brüderlein ist auf ähnliche Weise mit dem Schwanz seines Lieblingspferds beschäftigt.

Plötzlich aber stellt er dieses zur Erde und greift wehleidig nach seinem Bäuchlein: »Au, was denn mi auf einmal so weh tut«, stöhnt er kläglich, »Mama! I gaub de Heimweh . . .« (Ich glaub, das ist Heimweh).

⌘

»Wie's Kinder meinen . . .«

Kaum dämmert der Tag, als auch schon der vierjährige Ernst die Eltern weckt und aufzustehen verlangt. »Es ist noch viel zu früh, mein Kind«, bedeutet ihm seine Mutter, »leg dich wieder ruhig aufs Ohr und schlaf' weiter, Papa und Mama wollen auch noch schlafen.« »Der liebe Heiland hat aber d'sagt, Jüngling, ich sage dir, stehe auf«, sagt hierauf der kleine Mann.

Monatelang ist der kleine Willi, der an einem bösen Husten leidet, nicht aus dem Zimmer gekommen. Endlich, an einem warmen, sonnigen Tag, erlaubt der Arzt, daß er die auswärts wohnende Großmutter, welche große Sehnsucht nach ihm hatte, besuchen darf. Der besorgte Vater trägt ihn beim Nachhausegehen auf dem Arm. Es ist Abend, und der Vollmond steht in seiner wunderbaren Pracht am Himmel. »Papa, Papa«, ruft Willi ganz begeistert, »guck' an de Plafond nauf!«

Sie war noch so winzig klein und gab doch schon so kluge Antworten, die schwarzlockige Anne. »Sag' doch, wie alt bist du eigentlich?« fragte ich sie einmal. »Wenn man alles zusammenrechnet, auch das Jahr, das ich bei der Großmutter in Esslingen war, bin ich vier, sonst drei Jahre alt«, erklärte sie naiv.

Die kleine vierjährige Hermine stößt beim Spiel den Kopf recht kräftig an eine Tischecke und sagt ärgerlich: »Da hat wieder einmal der Schutzengel nicht aufgepaßt.«

Hanna sieht eines Abends, wie die Mutter ihrer Freundin sich ihren falschen Zopf abnimmt, auf den Nachttisch legt und sich hierauf ins Wohnzimmer begibt. Beim Nachhausekommen erzählt sie sehr wichtig: »Denket nur, Linas Mama kann ihren Zopf auf den Tisch legen und ganz weit davon weglaufen.«

Gisela und Hilmar können den fremdklingenden Namen einer Tante durchaus nicht behalten. So erlaubt sie ihnen, ihr irgendeinen andern Namen zu geben. Das scheint eine leichte Aufgabe zu sein, kostet aber die Kinder viel Kopfzerbrechen: »Nun, Hilmar«, muntert Gisela den Bruder auf, »dir kann es doch nicht schwer fallen, einen Namen für Tantchen zu finden, du kennst ja so viele vom zoologischen Garten.«

Es ist halb neun Uhr vormittags – höchste Zeit, daß Grete, Lisa und Hildegard zur Schule gerichtet werden. Das Nesthäkchen bleibt während dieser Zeit sich selbst überlassen. Es findet die Türe zum Besuchszimmer offen, geht hinein und will ein wenig Umschau halten.
Wie sonderbar! Da steht auf dem Boden ein großer Korb voll Eier. Vielleicht kann sie da der Mama ein wenig behilflich sein und etwas arbeiten, solange diese mit den Schwestern beschäftigt ist. Gesehen hat sie's ja oft genug: man nimmt ein Ei und klopft es einfach auf.
Siehe da! Das geht ja leichter, als gedacht; wie wird man sie loben, wenn sie so fleißig gewesen ist! Nur noch einige sind im Korb, da wird sie von Mama gerufen. Schade, daß sie nicht ein klein bißchen später gekommen ist! »Ich bin gleich fertig, liebe Mama«, antwortet sie, und als diese den Kopf zur Türe hereinstreckt, sieht sie ihre Jüngste in der schönsten Eiersauce sitzen.

Hellmut hat große Freude an einem Bübchen, das der Storch nicht ihm, aber den Hausleuten im oberen Stock gebracht hat, und besucht das Neugeborene täglich. Die Eltern desselben sind ganz gerührt über die Liebe des Hausbesitzersöhnleins und beschließen, ihren Knaben auch Hellmut zu heißen. Hellmut der Größere sollte damit aber erst an der Taufe überrascht werden. Alle blicken auf ihn, als der Geistliche seinen Namen sagt. Er bleibt aber ganz ernst und verrät keine Freude. Als dann später der Vater des Täuflings fragt: »Hat's dich denn nicht gefreut, daß das Büblein, das du so lieb hast, nun auch Hellmut heißt«, antwortet er: »Nein, jetzt weiß mer jo gar net, wer's to (getan) hat.« – Offenbar dachte er an künftige Streiche.

Rudolf ist der beste Rechner unter den Kleinen in der Schule, da kann es der Lehrer schon wagen, dem Sechsjährigen eine schwere Kopfrechnung zu geben. »Wieviel ist sieben und neun, weniger fünf«, lautet dieselbe. »Sieben und neun ist sechzehn«, sagt Rudolf, »weiter kann ich nicht dienen.«

Die vierjährige Hedwig betet abends für ihre kranke Mutter: »Ach lieber Gott, mach' doch meine Mutter wieder gesund – heute oder morgen, oder wenn du eben gerade Zeit hast.«

Siegfried stolpert des öfteren über Baumwurzeln im Wald und sagt endlich ärgerlich: »Das ist aber auch ein zu schlechtes Trottoir.«

Ein andermal spielt er mit einigen Kindern im Hof. Jedes muß sagen, wie alt es ist, ehe man mit dem Spiel beginnt. Hanna ist unglücklich, daß sie die Jüngste sein soll, fängt an zu weinen und geht mit ihrem Jammer zur Mutter.

»Siegfried und du, ihr seid beinahe gleich alt, da ist kein großer Unterschied«, tröstet sie diese.

Als sie das dem Spielgenossen meldet, wehrt der sich aber energisch und sagt: »Bitte sehr, du bist fünf und ich bin halb sechs.«

Großmama kommt eben dazu, wie ihr vierjähriger Enkel einer Kreuzspinne die Füße ausgerissen hat. Sie stellt ihn darüber hart zur Rede. Er aber sagt: »Großmama, mußt nicht zanken! Weißt, die Spinne hat nicht so viel Füße braucht, die hat bloß ein Swänzle braucht und das hab' ich ihr d'lasse.«

Hildegard wird vom Spiel weggerufen, die Großmama ist gekommen und hat ihr ein Christgeschenk gebracht.

Hocherfreut erscheint sie nach einiger Zeit wieder auf der Schlittenbahn und erzählt ihren Freundinnen: »Meine Großmutter hat mir G'schirrle und fünf Mark gebracht. Gleich morgen will aber Mama die G'schirrle auf die Rentenanstalt bringen, denket nur, dann werden's mehr.«

Im Sommer darauf sitzt dieselbe kleine Gesellschaft an einem heißen Tag im Hof beisammen. Ein Kind fehlt. Das liegt seit Wochen krank und ist dem Tode nahe. Es lastet wie ein Druck auf den Kindern. Sie sind alle mäuschenstill und sehen immer zu dem Fenster hinauf, hinter dem ihre kleine Freundin mit dem Tode ringt. Da kommt die pflegende Schwester und sagt, daß Klärchen soeben gestorben sei. »Hat sie ihre Puppenstube mitgenommen?« fragt eins der Kinder.

Hänschen übergibt beim Auskleiden dem Mutterchen seinen Strumpf und sagt: »'s ist ein Loch im Absatz, bitte, flick mir's.«

Seit einiger Zeit macht er nach dem Kindergarten auf eigene Faust da und dort Besuche und kommt sehr spät nach Hause. Die Mutter sagt streng: »Nach dem Kindergarten hast du dich zu zeigen!« »Ach, du weißt doch, wie ich aussehe«, erwidert ihr der kleine Knirps.

Rudi kann sich von seinem erst kürzlich aus dem Spital entlassenen Mädchen nicht trennen und steckt den ganzen Tag bei ihr in der Küche. Voll Interesse sieht er ihr einmal zu, wie sie eine Ente füllt. »Gelt, so wie du der Ente, so hat der Doktor dir deinen Bauch aufgeschnitten?« »Ja«, sagt Rikkele seufzend in Gedanken an den schweren Operationstag. »Hat man dir dann die gleiche Fülle hineingetan?« will Rudi weiter wissen.

Albert ist zu Besuch bei Frau Direktor und sieht mit Eifer Bilderbücher an. Das ist ja eine sehr schöne, lehrreiche Unterhaltung, aber satt wird man eben davon nicht. Auf einmal fragt er: »Geltet Se, Frau Direktor, i bin a liab's Büble?« »Gewiß«, bestätigt ihm diese, »du bist ein wirklich liebes Büble.« »Ja, wenn i net so a liab's Büeble wär, hätt i scho lang g'sagt: Frau Direktor, streichet Se mer au a G'sälzbrot«, wurde nun Albert deutlicher.

Trudchen kommt eben dazu, wie ihre Tante mit der Schneiderin verhandelt, was mit einer unmodern gewordenen rotseidenen Bluse zu machen wäre. »Ach Tante«, schlägt die Fünfjährige vor, »laß doch mir ein Kleid daraus machen!« – »Das fehlte noch«, sagte die Tante, »deine Mama erzählte mir, du seiest vorher schon so ein eitles kleines Mädchen.« – »Ja, weißt du, ich würde dann immer zerrissene Stiefel dazu anziehen, das hab' ich mir schon vorgenommen«, bettelt die Kleine.

Ganz stolz erzählt Martin, daß er nun schon lateinisch und französisch spreche: »aqua das Wasser, vinum der Wein, Geld in dem Beutel, das beste Latein. Le boeuf, der Ochs, la vache, die Kuh – ferme la porte – die Türe zu!« »Kannst nicht auch schon etwas englisch?« wurde er gefragt.
»Nein«, sagte er recht betrübt.
Kurz darauf aber meldet er mit strahlendem Gesicht: »Englisch sprechen kann ich nicht, aber die englische Krankheit hab' ich gehabt.«

Ein neues Kindermädchen betet abends mit ihrem Schützling, vergißt aber das Vaterunser zu sprechen, obwohl sie es geheißen worden ist. Da sagt der kleine Hans: »Mamachen betet immer auch mit mir:
›Versuch mal unser täglich Brot‹.«

Eberhard soll seinen ersten Aufsatz schreiben und zwar über das Reh. Kurz besonnen setzt er sich nieder und schreibt: Das Reh lebt im Walde und hat sehr dünne Waden.

Das Töchterchen eines Baumeisters hört ihren Vater klagen, daß er so viel Geld aufs Rathaus tragen müsse. »Aber Vater«, rät sie ihm, »bau doch auch ein Rathaus.«

Warum steht denn in den Büchern so oft »der geneigte Leser?« fragt die siebenjährige Lotte ihre um ein Jahr ältere Schwester. »Weil man sich beim Lesen über das Buch neigt«, behauptet die Schwester weise.

In L. konnte man einen kleinen Jungen eben noch vom Tod des Ertrinkens retten. Als er glücklich zu Hause im Bettchen liegt, darf ihn auch der jüngere Bruder sehen und fragt ihn gleich voll Neugier: »Heini, hast viele Fischle g'seha?«